AROUND

Vol.93
2024 February

작업실에서 In Workroom

ISSN 2287-4216
ISBN 979-11-6754-033-1
KRW 18,000

KB081134

Ha Taewung & Song Hyunjung, Yang Ji & Jeehye Jay Kim, FHHH Friends,
Choi Moonjeong, Clementine de Chabaneix, Park Yongjun & Kim Jina, Relish, Lee Yejou,
Oyuwoo, Yun Byeongju, Jeon Sanggyu, Doi Chinatsu, wie ein KINO, Steven Ahlgren

잡지가 발행되는 동안 어라운드는 세 번의 이사를 했다. 2011년
어라운드 매거진을 꾸리기로 마음먹었을 때는 파주 출판단지에서
시작했다. 그전에는 서울 마포구 연남동의 작은 공간에서 지내다
경기도 끝자락 파주로 이사 한 건 북적이지 않은 곳에서 넓게 일하고
싶어서였다. 우리의 바람대로 널찍한 사무공간과 주변의 여유를
느끼기에 충분했다. 점심시간이면 다들 한적한 거리를 산책하기
좋아했다. 머리가 복잡할 때는 울 것 같은 얼굴을 하다가도 주변을
맴돌다 들어오면 다시 평온한 얼굴이 되곤 했다. 다만, 합정역에서
출판단지로 오는 단 하나의 버스를 출근 시간마다 온몸을 던져가며
타는 건 고생스러웠다. 2년이 되어갈 때쯤 계약이 만료되어 다시 서울로
돌아와 상암동에 자리하게 되었다. 오래전 나는 상암동 사무실을
이용한 적이 있다. 지금처럼 빌딩으로 가득 차기 전이라 거리에 사람도
많지 않았던 시절이다. 우리가 이사했을 때는 방송국이 들어서기
시작하면서 직장인들로 북적이는 곳으로 완전히 바뀌어 있었다. 출퇴근
시간, 점심시간이면 어디서 사람들이 갑자기 우르르 거리로 쏟아져
나왔다. 어딘가로 바삐 이동하는 사람들 사이에 있는 게 생각보다
나쁘지는 않았다. 무엇보다 미팅이나 인터뷰할 때 하루의 반나절을
이동으로 쏟아낼 필요도 없었다. 파주와 상암동을 경험하며 어라운드가
어울릴만한 곳이 확실해졌다. 지나치게 북적이지는 않으면서 정겨운
곳으로 연희동 일대를 알아보기 시작했다. 비용과 동네 그리고 공간을
따지고 보면서 마음에 드는 곳이 나타나지 않아 힘이 빠져있을 때쯤,
우리만의 공간을 만드는 게 낫겠다는 결론에 이르렀다. 그렇게 운명처럼
지금의 연남동을 마주했다. 빌딩이 즐비하지 않으면서 적당히 사람이
드나드는 이 골목에서 7년째 지내는 중이다. '푸하하하프렌즈'가
설계를 맡은 지금의 사옥은 삼각형이 차곡차곡 쌓인 모양이다. 삼각형
공간이 주는 낯섦이 익숙함으로 변해갈 때쯤 나는 비로소 제대로
이 공간을 좋아하게 됐다. 밖에서 건물을 바라보는 방향에 따라 투박해
보이기도 뾰족해 보이기도 해서 도통 내부를 짐작할 수 없다는 점이
가장 마음에 든다. 겉모습을 보면서 여러 가지 상상을 하다 계단을
올라 내부로 들어오면 다른 세상에 놓여 있는 듯 어라운드 식구들이
자리를 지키고 있다. 어라운드 식구 중에 가장 오래된 고양이들도 3층을
차지하고 있다. 오히려 네모반듯한 공간이 아니었기에 고민한 흔적이
곳곳에 세월과 함께 묻어있다. 차곡차곡 쌓아 올린 삼각형 건물처럼
책도 추억도 쌓였다. 일하는 사람의 공간은 늘 재밌다. 작업과 직접적인
연관이 없더라도 그 사람의 뿌리가 느껴지기 때문이다. 하루 중에 가장
많은 시간을 보내는 일하는 공간, 지금도 각자의 공간에서 일하고 있을
사람들을 그러모아 어라운드 93호에 담았다.

김이경—편집장

작업실에서 In Workroom

Contents

In The Office

작업실에서

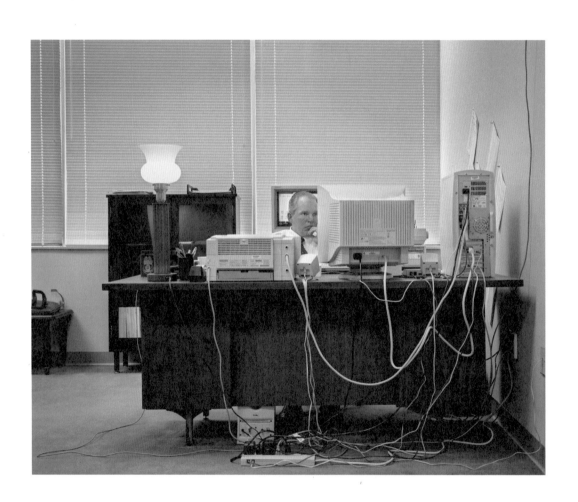

126
INTERNAL
AFFAIRS

NO
SMOKING

PLEASE RING
FOR SERVICE

Photographer

STEVEN AHLGREN

에디터 이명주

미국과 한국에서 대화를 나누게 되었네요. 반가워요.

안녕하세요. 저는 사진작가 스티븐 알그렌입니다. 예순한 살이고요. 지금 사는 곳은
펜실베이니아주의 미디어Media라는 동네예요. 우리 부부의 첫딸이 태어났을 때 이곳에 왔으니,
거의 20여 년쯤 되었죠. 작은 집과 나무들이 늘어선 멋진 마을인데 중심가를 따라 전차가
달린답니다. 제가 아르바이트하고 있는 수목원뿐만 아니라 공원도 많아요.

**《디 오피스The Office》 작업을 흥미롭게 지켜봤어요. 꽤 오랫동안 미국 사무실의 면면을 포착
했죠.**

1992년부터 2003년까지 작업했어요. 프로젝트를 시작할 때 대학원에서 다양한 주제를
탐구하다 '사무실'에 이르렀어요. 전문 모델이 아니라면 일상적인 공간에서의 촬영이
부담스러울 테니, 사람들의 동의를 구하는 게 가장 까다로웠죠. 허락이 떨어져야만 그날의
촬영이 가능한 거예요. 비록 촬영 장소를 스스로 선택할 수는 없었지만 어떤 사무실이든 들어가
보면 무수한 가능성이 펼쳐졌어요.

사람들의 행위와 모습이 무척 자연스러워서 신기했어요.

저는 항상 사진에 담기는 사람들에게 특별한 일을 할 필요도, 포즈를 취하거나 카메라를
볼 필요도 없다고 말해요. 평소 모습을 보고 싶다고 했고 아주 조용히 찍곤 했죠. 사진에
의도보다는 의미가 담기길 바랐어요. 관객이 의자에 앉아 내가 보는 걸 바라보는 것처럼
느끼기를 원했고요. 그 덕분에 흥미를 유발하는 미묘한 제스처와 찰나의 표정이 잘 담기게
된 것 같아요.

기억에 남는 사무실이나 에피소드가 있는지 궁금해지네요.

언젠가 소프트웨어와 기술을 제공하는 회사에 간 적이 있어요. 남성 두 분과 함께 회의실
테이블에 앉아 있는데, 상급자처럼 보이는 한 사람이 화가 난 듯 강한 어조로 얘길 하더라고요.
그걸 듣던 다른 사람은 의기소침하고 연약해 보였죠. 불편한 상황이기에 사진을 찍어도 될지
고민하다가 결국 셔터를 눌렀고, 지금도 그 사진을 볼 때마다 방 안의 긴장감이 떠올라요.

저라면 얼어붙었을 거예요. 회사는 구성원의 구조와 관계가 선명하게 존재하는 장소죠.

그리고 오랫동안 남성 중심적인 환경이기도 하고요. 미네소타의 한 은행에서도 회의실에

들른 적이 있어요. 수많은 사람 중 단 두 명만이 여성 직원인데다가, 벽면에 걸린 과거 은행
지도자들의 초상화마저도 전부 남자였어요. 대형 로펌에서 일하는 아내가 남성이 다수인
환경에서 일하는 경험을 들려주곤 하는데, 그 장면을 보며 아내 모습이 자연스레 떠올랐죠.

스티븐도 사진작가가 되기 전에는 은행원이었다고요.
어릴 때부터 사진 기자를 꿈꿨지만, 실력도 부족하고 생계를 유지하기 어려울 거라고
생각했어요. 안정적인 직업을 찾아 5년 동안 은행원으로 일했고요. 사실… 직장 생활은
단 한순간도 즐겁지 않았어요(웃음). 여가 시간에는 사진을 찍었죠. '매그넘 포토스Magnum
Photos'의 질 페레스Gilles Peress가 은행 직원 대상으로 사진 워크숍을 열었는데 그때 제 작품을
무척 긍정적으로 봐주었어요. 사진으로 나아가야겠다는 자신감을 얻어 회사를 그만두고
예일대학원에서 사진을 공부했죠. 회사 생활이 맞지 않아 시간 낭비처럼 느껴지고 가끔은 화도
났지만 돌이켜보면 《디 오피스》의 영감이 되어 줬어요.

이외에도 작업에 영감을 준 인물로 에드워드 호퍼Edward Hopper를 꼽는다고 알고 있어요.
그의 그림을 보면, 작품 속 사람들이 고요하고 모호하게 묘사되어 있어 전후에 어떤 일이
있었을지 상상하게 돼요. 또 그림 한편에 빛이 스며들어 있죠. 창문이나 가로등처럼 어딘가에서
흘러 들어오는 빛이 공간에 머무는 사람에게 닿기도 해요. 그처럼 《디 오피스》를 작업할 때도
이야기와 빛을 중요하게 다루려고 노력했습니다.

복사기 앞에 서 있는 한 남자의 사진이 호퍼의 그림과 비슷한 뉘앙스를 준다고 생각했어요.
뉴헤이븐의 한 은행에서 찍은 사진인데요. 공간 안쪽에 복사기가 놓여 있고, 캐비닛 아래에서
흘러나온 빛이 사선으로 퍼지는 것을 보고 마음이 사로잡혔어요. 곧 한 직원이 들어와서 빠르게
복사기를 사용하고 미소를 지으며 떠나더군요. 한편으로는 그를 보며, 은행에서 일하던 나의
모습이 떠오르기도 했죠. 작업물 중 초상화를 꼽는다면 그 사진을 고르고 싶어요.

**일을 바라보는 태도가 뚜렷한 사람 같아요. 사진을 좋아하고, 하고 싶으니까 이 일을 선택한
거죠?**
맞아요. 정처없이 방황하다가도 일상을 주의 깊게 살필 수 있고, 누군가와 굳이 대화할 필요도
없고요. 같은 사진이라도 연출 컷이나 광고 촬영은 그다지 하고 싶지 않아요. 아마 직장
생활만큼 싫어할지도 모르죠. 그렇기에 작업에서 가장 중요하게 생각하는 건, 영감을 기다리지
않는 태도예요. 일단 하고 싶은 일을 시작하면 다른 무언가가 필연적으로 이어질 테니까요.
"재미있는 사진을 만들기 위한 첫 단계는 단지 사진을 찍는 것"이라던 엘리어트 어윗Elliott
Erwitt의 말을 좋아해요.

하고 싶은 일을 하는 스티븐의 작업실은 어떤 모습인지 소개해 줄래요?
컴퓨터와 필름 스캐너, 잉크젯 프린터, 인쇄물과 작업물을 수납하는 선반 정도예요. 심지어
어수선한 집 지하실의 한 부분이라 스튜디오라고 부르는 것도 망설여져요. 낮은 천장에는 모든
파이프와 온수 히터가 노출되어 있고 종종 쥐 한 마리도 보인답니다(웃음). 작업 공간이 그다지
인상적이지는 않지만, 저는 그곳이 생경하고 거친 느낌이라 좋아해요.

충분히 매력적인걸요. 쥐만 빼고요…. 마지막으로 사진을 통해 전하고 싶은 메시지가 있나요?
주변의 친숙한 것들을 주의 깊게 살펴보세요. 빛이 어떻게 표면에 떨어지는지, 그림자의
모양은 어떻게 다른지, 사람의 표정이나 몸짓을 또렷하게 바라보세요. 제 작업이 사람들로
하여금 눈앞에 있는 세상을 강렬하게, 호기심을 갖고 바라보게끔 영감을 준다면 더할 나위 없이
기뻐요. 우리의 모든 순간은 빠르게 지나가고, 오직 지금만 볼 수 있으니 놓치지 마세요.

H. stevenahlgren.com

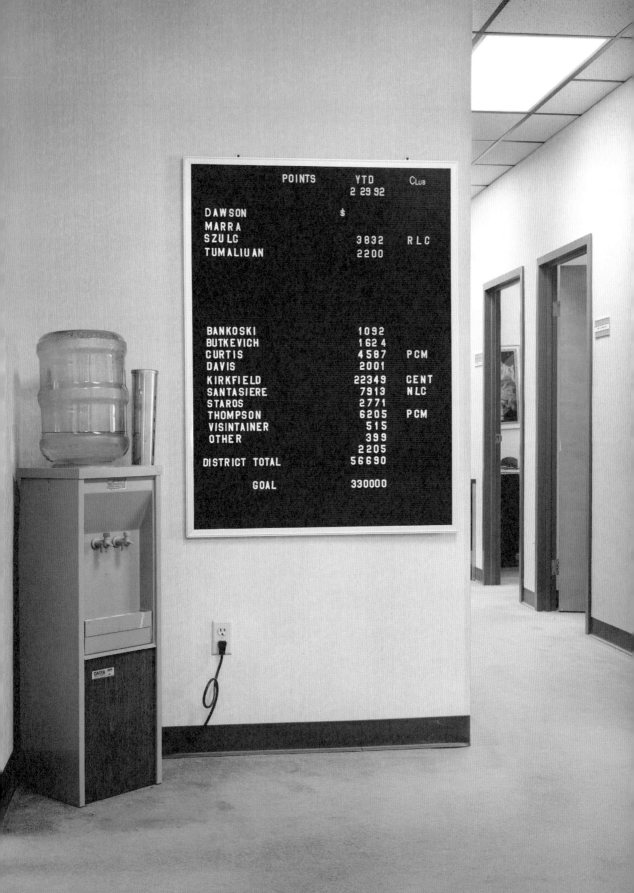

The Space Created By Memory
우리의 아름다운 기억으로부터

하태웅·송현정—아시 하우스

에디터 이명주
포토그래퍼 강현욱

그림 같은 집을 보았다. 잘 익은 밤의 색을 닮은 산등성이를 어깨에 두른
그곳은 군더더기 없이 담백한 모습이었다. 세상의 시끄러운 소음은
기척도 느껴지지 않고, 집을 채운 부부의 취향만이 나긋한 목소리를
내며 흘렀다. 그 모습이 참으로 슴슴하고도 안온하다. 서울을 훌쩍 떠나
가평 산골에 집을 지은 하태웅·송현정 부부는 오늘도 단정한 마음으로
오는 이를 기다린다. 부부의 아름다운 기억을 꺼내둔 아시 하우스에서.

누군가는 심심하지 않은지, 고립된 기분이 들지 않는지 묻곤 하는데,
전혀 아니에요. 왜 여기서 보내는 시간이 지겹지 않을까 생각해 보면,
우리가 좋아하는 모든 게 이곳에 있기 때문이에요.
그걸 만끽하면서 보내는 것만으로 충분해요.

우리가 있어야 할 자리

흔히 떠올리던 가평의 모습보다 평화로운 곳이네요. 초대해 주셔서 감사해요.
현정 안녕하세요. 어제 눈이 많이 쏟아져서 오시는 길을 걱정했는데, 다행히 오늘 햇살이 좋아서 꽤 녹았어요.
태웅 가평이 위아래로 긴 지형인데 중간에는 자라섬처럼 친근한 곳이 많고, 여기는 위쪽이라 갈수록 포천과 접할 정도로 깊숙이 들어가거든요. 오는 길에 명지산, 운악산을 보셨을 텐데 보통 등산하러들 오세요. 여기까지 오시느라 고생 많으셨어요.

덕분에 이렇게 아름다운 공간에 와보는걸요. 집과 스테이를 아울러 '아시 하우스ASI House'라고 부르고 있죠. 문을 연 지는 얼마나 되었어요?
태웅 스테이는 작년 12월 23일에 오픈했어요. 연말과 연초에 쉬러 오는 분들이 많아서 바쁜 새해를 보냈죠. 문을 연 지 얼마 안 됐는데도 찾아와 주시는 게 고맙고 신기하더라고요. 정신없이 보내다가 이번 주부터는 조금씩 여유를 찾고 있어요.

따끈따끈한 곳이었군요. 오늘은 머무는 손님들이 안 계신가 봐요.
현정 맞아요. 아직 쉼과 일의 루틴을 파악 중이긴 하지만, 보통 주말이 가까워질 즈음 손님들이 몰렸다가 그다음 주 초반에 빠지거든요. 오늘 같은 수요일이나 목요일은 주로 스테이 관리 작업을 해요. 밀린 빨래와 청소를 하고, 웰컴 푸드와 조식용 수프를 만들거나 마당과 공간 정비를 하죠. 먼저, 커피를 좀 드릴까요? 이건 웰컴 푸드로 내어드리는 마들렌이에요.

직접 구우셔서 더 맛있겠어요. 그럼 소개부터 시작해 볼까요?
현정 아시 하우스를 만들고 운영하는 송현정,

하태웅입니다. 사실 이런 말보다 요즘 제 직업은 '청소부'라고 하고 싶어요. 시골에서 청소하면서 가끔 빵 만들고 손님들을 맞이하는 일이라, 이전과는 좀 다른 삶을 살고 있거든요.
태웅 그럼 저는… 정원사나 농부?
현정 오, 더 멋있는데?

고양이 친구들도 있다고 들었는데 지금은 보이지 않네요.
현정 첫째 밤이랑 둘째 벼루인데요. 밤톨 같은 얼굴인 밤이는 사람을 좋아하는데 고양이 루틴상 낮잠 잘 시간이에요. 아마 잠이 깨면 슬슬 나올 거예요. 벼루는 까만 고양이라 먹을 가는 벼루에서 따왔는데, 낯선 사람을 무서워해서 적응할 시간이 필요해요. 지금 어디선가 지켜보면서 안전한지 파악 중일 거예요.

부디 저를 안전한 사람으로 느끼길요(웃음). 공간 구성에 대한 설명을 듣고 싶어요.
태웅 카페 겸 스테이 리셉션으로 쓰이는 공간의 옆문을 열면 집으로 이어지는데요. 보조 주방을 지나 거실로 들어오면 차례대로 주방과 침실, 화장실과 세탁실이 보여요. 세탁실 옆에는 야외로 나가는 현관이 하나 더 있는데 거기다 청소 도구를 모아두었어요. 보통은 그쪽 문으로 출입하곤 하죠. 원래 여기가 90년대 벽돌로 지어진 고깃집이었는데, 리모델링해서 지낸 지는 7개월 정도 되었어요.
현정 집과 달리 스테이는 완전히 새로 지은 건물이에요. A동과 B동으로 나누었는데, 구옥의 예스러운 건물과 신축의 세련된 모습이 어긋나지 않고 조화로워서 만족해요.

아시 하우스에 대해 듣기 전에 가평으로 오기 전의 삶이 궁금해요. 두 분, 어떻게 만나셨어요?

현정 연애 프로그램 인터뷰 같은데요(웃음). 대학교 같은 과 선후배 사이였는데, 나이 차이가 나서 함께 다니진 않았고 졸업한 후에 아는 선배한테 소개받았어요. 그때 둘 다 회사에서 디자인 업무를 했다 보니 이야기가 잘 통하더라고요. 유머 코드도 비슷하고 영화를 좋아하는 취미나, 싫어하는 것도 비슷했어요. 둘 다 친구가 많이 없어서 집에 있는 거 좋아하고요.

태웅 깊게 생각하고 이야기 나눌 사람을 만나는 게 쉽지 않은데, 현정이랑은 그게 가능했어요. 그런 시간이 쌓이다 보니 결혼까지도 자연스러웠고요. 무얼 할 때 맞지 않았고 어떤 위기가 있었고… 이렇게 말할 만한 거리가 없어요.

그럼 결혼 후 첫 집은 서울에 있었어요?

현정 월곡역 주변 작은 아파트에서 살았어요. 전세 가격도 저렴했지만 근처에 홍릉숲이 있어서 숨이 트이는 기분에 선택했어요. 한 4년 정도 살았는데, 그동안 공간을 꾸미는 시각부터 라이프 스타일, 가치관까지 많은 게 변했어요.

태웅 그 집에서 우리가 좋다고 느끼는 걸 계속 모으고 팔기를 반복했거든요. 미드 센추리부터 동양풍 아이템, 프렌치 모던까지 웬만한 스타일을 다 직접 해보고 질리면 또 바꿨어요.

한 번 바꾸기도 힘든 공간을 왜 여러 가지 스타일로 바꿔가며 채웠어요?

현정 그때는 뭔가 물건을 사고 또 사도 만족이 안 됐어요. 마음에 들어 구입했는데 내 것이 아닌 것처럼 둥둥 떠 있고요. 지금 생각하면 물건으로 가득 차 있는 집이라 너무 답답해요. 가평으로 터전을 옮길 때는 아시 하우스에 두고 싶은 것들만 추리고 나머지는 다 팔았어요. 이곳에 오면서 물욕이 사라졌는지, 집 안에 가구나 오브제도 빽빽하게 채우고 싶지 않고 옷을 사지 않은 지도 꽤 되었어요.

그때는 무언가 만족스럽지 않거나 공허함을 느꼈던 걸까요? 그러고 보니, 태웅 씨는 서울에서 어떤 일을 하셨어요?

태웅 저는 인터랙티브 미디어 디자인을 시작으로 여러 경력을 쌓다가 인테리어 스타트업인 '아파트멘터리Apartmentary'의 창업 멤버로 함께했어요. 경영진과 실무진을 조율하고 브랜드 아이덴티티를 구축하는 일을 맡았죠. 8년 가까이 일했는데, 그때는 일상의 목표가 곧 회사의 성장일 정도로 열심히 했어요. 사람이 머무는 공간의 변화를 끌어내는 브랜드다 보니 나의 공간에 대해서도 여러 번 생각할 수 있었는데요. 이것저것 다양한 취향을 보다 보니 우리와 잘 안 맞는 것도 알게 되더라고요.

현정 씨는요?

현정 저도 디자인을 전공해서 작은 스튜디오에 입사했어요. 특이한 게, 회사 대표님이 취미로 고급 자전거를 수입하셨는데 그걸 다시 비싸게 되팔기 위해 옷 입히고 매장 꾸미는 일을 맡았어요. 그런데 저는 자전거 탈 줄도 모르거든요. 에너제틱한 라이프 스타일을 즐기는 척 일하는 게 너무 힘들었어요. 이후에 좀더 큰 교육 회사로 가서 수험생 대상 프로그램을 디자인할 때도 마찬가지였고요. 회사 크기의 문제일까 싶어서 사람들이 흔히 말하는 대기업에 들어갔는데, 저와 맞지 않는 캐릭터 제작 업무를 맡게 된 거예요. 좋은 회사에 들어가면 끝날 줄 알았던 고민이 다시 시작된 거죠.

여러 시도를 했지만 잘 맞진 않았네요.

현정 대기업으로 옮기면서 결혼하고 신혼집도 꾸렸는데, 그때 계속 뭘 샀다고 했잖아요. 일과 삶이 일치되지 않으니까 거기서 큰 공허감을 느꼈나 봐요. 주변에서 일과 삶을 분리하라고 조언하길래 완전히 떼어놓았는데 일에서 의미를 찾지 못하면서 더 불행해졌죠.

사실 분리하는 게 쉽지 않잖아요. 하루 중 일하면서 보내는 시간이 얼마나 긴데요.

현정 그러니까요. 나와 맞지 않은 공간에서 보낸 시간을 보상받듯 무얼 사서 집에 가져다 두기는 하는데 만족이 안 되는 이유를 그때는 몰랐어요. 회사에서 야근하고 오느라 내가 고른 가구나 티팟은 볼 시간도 없었고요. 회사를 다니는 것에 대해, 우리의 삶이 어떤 노선을 타야 하느냐에 대해 남편과 함께 진지하게 고민하기 시작했죠.

태웅 일과 삶은 다른 게 아니라 삶 안에 일이 있는 거잖아요. 그 사이의 이질감을 덜고, 둘을 함께 보기로 인정했어요. 저도 브랜드 디자이너로 오래 일하다 보니까, 이 일의 궁극적인 도달점은 어딜까 생각했을 때 회사는 아닌 것 같더라고요. 회사에서는 늘 새로운 걸 보여줘야 하고 변화를 만들어야 하는데, 저희는 언제나 그대로인 브랜드가 좋았거든요. 브랜드가 한 사람 같았으면 좋겠다는 게 저희의 새로운 지향점이었어요.

브랜드가 하나의 사람 같다는 건 어떤 의미예요?

태웅 저와 현정이 좋아하는 브랜드를 떠올려봤을 때, 그 안에 머무는 사람이 연상된다는 공통점이 있었어요. 망원동 '스몰커피'나 '훈고링고브레드', 서촌 카페 'mk2'처럼 공간과 어긋나지 않은 사람이 일하고, 그들이 만들 것 같은 음료를 팔고, 또 그걸 좋아할 것 같은 손님들이 찾아오는 거요. 한 사람의 취향이 진득이 묻어 나오는 걸 좋아하다 보니 해외여행 가서도 으리으리한 호텔보다는 작은 에어비앤비에서 묵거든요. 현실적으로 서울에서는 우리 두 사람이 가게도 하고 고양이도 함께 살 공간을 찾는 게 불가능에 가까워서, '그렇다면 꼭 서울이 아니어도 되잖아?' 싶었어요. 직장만 아니었다면 서울에 살지 않았을 테니까요. 거기서 하고 싶은 건 이미 충분히 경험했어요.

현정 그래서 그 주 주말부터 빠르게 전국을 돌아다니기 시작했죠. 좋은 땅을 찾아보자며(웃음).

그렇게나 빠르다니(웃음)! 그럼 왜 스테이를 만들고 싶었어요? 이유를 들으면 삶에서 무얼 중요하게 생각하는지 전해질 것 같아요.

태웅 우리의 시간을 확보할 수 있는 일일 거라고 생각했거든요. 가게는 정확한 시간에 열고 닫아야 하고

옆에는 주인이 직접 운영하는 레스토랑과 수영장이 붙어 있었고요. 되게 이상한데, 모든 곳에서 주인이 느껴지는 거예요. 백 년 넘은 고택에서 주인이 열심히 쓸고 닦은 구석들이 보이고, 시중에서 흔히 볼 수 없는 컵과 테이블이 있었어요. 음식도 별것 아닌데 맛있어서 그때의 기억이 참 좋게 남아 있죠.

태웅 아시 하우스의 슬로건으로 "우리의 아름다운 기억을 통해서"라는 말을 쓰는데요. 저희도 공간에 기억들을 꺼내두고 행복했던 마음을 녹이면, 그걸 알아봐 줄 사람들이 올 것 같았어요.

그럼 주말마다 '좋은 땅'을 찾으러 어디를 다녔어요?

현정 고성과 강릉, 이천, 여주, 인제, 태안, 양양까지…. 네이버 지도에서 거리뷰로 산세가 좋아 보이는 지역이나

휴무일도 지켜야 하지만, 스테이는 손님을 응대하는 시간을 제외하고는 집에서 일상을 보낼 수 있잖아요.

현정 그리고 우리의 취향을 공유하고 싶었어요. 애정을 담은 소품들과 가구, 음악, 향기까지 차려두면 그걸 좋아하는 분들이 와서 향유해 주길 바랐어요. 사람들이 한 공간에 온전히 젖어들려면 하룻밤을 보내는 형태가 좋겠다고 생각했고요. 소수를 위한 초대의 개념이었죠.

공간이 머무는 사람에게 주는 힘을 이미 알고 있었나 봐요.

현정 신혼여행으로 떠났던 프랑스 남부 보르도 지방에서 마구간을 개조해서 만든 에어비앤비에 머문 적이 있어요. 가는 길도 불편하고 오래된 벽돌로 지어서 컴컴한데다가 안에는 말안장 같은 게 걸려 있는 독특한 곳이었죠.

구석에 있는 스테이를 발견하면 그 길로 출발했어요. 큰 마을이 있는 곳은 사람이 많을 테니 피하고, 근처 부동산 여러 곳을 들르면서 시세를 확인했죠. 간 김에 주변 맛집이나 카페에 들르기도 하고요.

태웅 현정이가 땅의 기운이 있다고 하더라고요(웃음).

잠시만요, 현정 씨. 땅의 기운은 뭔가요?

현정 (웃음) 설명하기 어렵지만 그런 게 있어요. 저만의 더듬이를 움직이면 느껴지는 건데요. 어떤 땅은 밟았을 때 햇살도 비추고 포근히 안아준다는 느낌이 들지만, 어떤 곳은 큰 산을 두르고 있어도 내가 잡아먹힐 듯 그림자가 크고 무서운 곳이 있어요. 거기서는 사는 모습이 상상이 안 되더라고요. 지금 있는 이곳은 커다란 산들이 주변을 에워싸도 하나도 무섭지 않아요.

신기하네요. 현정 씨가 땅의 기운을 살폈다면 태웅 씨는 무얼 기준으로 삼았어요?

태웅 '핀터레스트' 같은 데 보면, 울창한 숲 안에 불빛 하나가 딱 보이는 장소의 사진들이 있어요. 그렇게 만들 수 있는 곳인가를 살폈어요. 그런데 조금 황당하게도, 여기를 발견한 건 발품 판 덕분이 아니라 유튜브 덕분이에요. 원하는 평수를 검색하니 다양한 전문가들이 드론으로 터를 촬영해서 정보까지 깔끔하게 올려두었더라고요. 영상을 보고 직접 와보니까 붉은 벽돌로 된 건물이 예뻐서 바로 결정하게 됐죠. 회사를 다니며 아시 하우스를 준비하다가, 터를 옮겨야 할 때가 되었을 때 일을 그만두고 가평으로 옮겨 와 리모델링과 건축에 몰두했어요.

리모델링은 어느 정도 기간이 걸렸는지 궁금해요.

태웅 계획보다 두 배가 더 걸려서 1년 정도 공사를 했어요. 리모델링이든 건축이든 큰 구조는 전문가가 짜줘야 하기 때문에 건축사에 의뢰했고, 저랑 현정은 각각의 전문가들을 꾸리고 일정을 조율하면서 콘셉트를 기획하는 역할을 담당했어요. 손님들에게 제공하고 싶은 모습이나 경험도 설계하고요. 거실의 크고 넓은 창과 각 공간의 구조는 원형을 최대한 살려낸 거예요. 큰 고깃집에 있는 신발 벗고 방에 앉는 단체석이 리셉션 공간이 되었고, 부엌으로 쓰던 곳은 안방이 됐어요. 전체 구조는 살리되, 저희가 효율적으로 활용할 수 있게 쓰임을 바꾼 거죠. 기획까지는 별문제 없었는데, 공사 도중에 자잿값이나 인건비 등이 너무 많이 올라서 저희가 시공에도 직접 힘을 보태야 했어요.

예를 들면 어떤 작업인가요?

태웅 스위치나 문고리 등 공간의 디테일을 살릴 부분들을 전부 직접 준비했고요. 페인트칠하고 실리콘 바르고 타일도 붙이고 마감재도 발랐어요. 현장 작업자분들의 조수처럼 따라다니면서 함께 한 거죠. 사실 페인트칠 같은 일은 처음이었기 때문에, 집 만들 때 연습하면서 능숙해진 후에 스테이에 적용했어요. 거실에 놓은 하얀 책장도 직접 칠한 건데, 아마 자세히 보시면 군데군데 터져 있을 거예요.

생각만 해도 쉬운 작업은 아닐 것 같아요.

현정 전문가가 괜히 있는 게 아니구나!

태웅 (웃음) 그래도 어딘가 터지고 덧발라야 하는 부분들이 보이는 것 자체가 우리만의 스토리라고 생각해요. 손맛 같기도 하고요. 둘이서 가만히 거실에 앉아 있다가 문득 "아, 저기 다시 발라야겠네.", "이따가 실리콘 작업 좀 해야겠다."라며 대화하게 되니까 더 애착이 생겨요.

이쯤에서 아시 하우스라는 이름의 의미가 궁금해져요.

태웅 여러모로 모호한 느낌을 주고 싶어 정한 이름이에요. 보통의 스테이들은 어떤 공간을 꾸렸는지 느껴지도록 이름을 짓잖아요. 저흰 그렇게 접근하고 싶지 않았어요. 회사에 속해서 일할 때, 네이밍이든 디자인이든 모든 요소에 의미를 부여해야 했거든요. 상대방을 설득하기 위해 온갖 의미를 갖다 붙이는 게 무의미하다고 느꼈어요.

현정 그래서 부르기 쉽고 스펠링이 짧은 단어들을 마구 뱉어보다가 툭 정해진 이름이 '아시'예요. 어느 나라 말인지 알 수 없는 느낌 그대로 좋았죠. 이곳에 와서 각자 느끼는 이미지가 있을 텐데, 그걸 '아시'라고 생각해 주시길 바라요. 우리가 좋아하는 것을 담아두는 공간의 이름으로요.

집에서 부엌을 둘로 나눠 사용하는 게 눈에 띄어요. 특별한 이유가 있어요?

현정 제가 요리나 베이킹을 좋아해요. 일은 한 프로젝트를 매듭짓는 데까지 오래 걸리니까 결과를 바로 알 수 없지만, 요리는 빠르면 30분 안에도 결과물이 나오거든요. 원하는 대로 플레이팅 할 수 있고, 맛도 조절할 수 있으니까 재밌더라고요. 그래서 스테이를 준비할 때도 조식 서비스를 하고 싶었어요. 그러려면 요리할 공간이 필요한데, 주방이 하나면 식자재 보관이나 동선 면에서 효율적이지 않을 것 같았죠. 결국 보조 주방을 하나 더 만들고 거기서 수프를 끓이거나 베이킹을 해요. 수프는 계절에 따라 주재료가 다른데, 가을과 겨울에는 제철 식재료인 단호박으로 만들어요.

보글보글 끓는 수프를 상상만 해도 먹음직스럽네요.

현정 여름에는 집 앞에 꾸린 텃밭에서 토마토를 길러서 그걸로 수프를 끓여보고 싶어요.

반려동물과 함께 사는 집이다 보니, 밤이와 벼루를 위해 신경 쓴 부분도 있어요?

태웅 그럼요. 거실 창문을 보시면 다 턱이 있거든요. 캣타워는 한편에 작게 두고, 이 창가에 앉아 아이들이 밖을 구경하게 만들었어요. 새들이 날갯짓을 하면 집 안에서 그걸 보고 막 잡으려고 해요.

현정 얘네한테는 엄청 큰 텔레비전인 거죠(웃음).

좋아하기 때문에 충분한 시간

스테이에 대해서도 들어볼게요. 쓰는 이가 다르니 공간을 만들 때 중점에 둔 부분도 다르겠어요.

태웅 시선의 방향이 다르게 되어 있어요. 하나의 터에 있지만 저희가 지내는 집과 적당한 거리를 두어서 서로 프라이버시를 지킬 수 있도록요. 또 차가운 금속과 유리가 겉면에 드러나는데, 내부에는 따뜻한 붉은 기를 띤 나무 소재로 구성해 두었죠. 빈티지 가구들과 오브제들까지 통일성이 높은 공간이에요.

현정 스테이를 만들 때 '판즈워스 하우스Farnsworth House'라는 금속과 유리로 지어진 미국의 건축물을 레퍼런스로 삼았어요. 남편이 핀터레스트에서 보고 꿈꾸던 공간처럼, 숲속에 군더더기 없는 건물이 딱 하나 놓여 있는데 자연과 완벽히 어우러져 있죠. 그 모습이 매력적이었어요.

태웅 그런 점에서는 아직 아시 하우스에서 아쉬움을 느껴요. 좀더 손때가 묻어 반질반질 윤기가 나고, 흘러간 세월이 느껴져야 자연과 하나로 어우러질 테니까요. 시간이 해결해 줄 문제겠죠.

저는 보자마자 엄청 큰 창이 눈에 띄더라고요. 건축에서 창이라는 건 사람의 의도가 가장 짙게 묻은 부분이 아닌가 싶어요. 어디에서 무얼 하면서, 어떤 모습을 보도록 유도하니까요.

태웅 자연 속에 포근히 안긴 느낌을 주고 싶다면 정답은 창이라고 생각해요. 집 안에서도 사계절을 볼 수 있도록 만들고 싶었어요. 비용적으로도 가장 힘을 준 부분이고, 풍경은 또렷하게 보이되 단열도 놓치지 않아서 스테이 내부는 굉장히 따뜻해요. 오신 분들이 남긴 말 중 기억에 남는 게, 아시 하우스의 사계절을 보고 싶다는 이야기였어요. 외국에서는 여름이나 겨울 휴가에 가족들이 같은 장소를 주기적으로 방문하잖아요. 기념일마다 찾는 레스토랑이 정해져 있기도 하고요. 아시 하우스에서 시간의 흐름을 만끽하고 매해 모습을 기록하신다면 참 기쁠 거예요. 저희는 변함없이 여길 지킬 거고요.

아시 하우스에 오래 머물고 싶다는 생각을 하시네요.

태웅 물론 아시 하우스가 우리를 어딘가로 데려갈 수도 있겠죠. 아직은 그게 어디인지도 모르고, 어떻게 확장되거나 길이 틀어질지도 몰라요. 다만 확실한 건, 여기서 앞으로도 쭉 산다는 거예요. 그 결정에는 확신이 있어요.

모든 공사가 끝난 날을 다시 떠올려볼게요. 어떤 심정이었어요?

태웅 사실 공사가 마무리되면 터뜨리려고 했던 샴페인이
있었는데요. 아직도 못 열었어요.

어머나, 왜요?
태웅 아직도 안 끝난 것 같아서요(웃음). 직접 시공했다
보니 관련 도구들이 많은데, 그걸 여태 쓰고 있어요.
시선이 닿으면 손봐야 하고 다른 누가 돌봐주는 게 아니라
우리 것이다 보니 계속 더 가꾸고 싶고요. 그래서 그런가
봐요.
현정 저는 조금 마무리되었다는 생각은 들어요. 무사히
오픈했고 연말과 연초에 손님들이 오셔서 피드백도
주셨으니 '이제 됐다!'는 마음이에요. 문을 열기 전까지는
새벽만 되면 눈이 떠지고 날도 서 있었는데 차차
누그러지는 기분이 들더라고요.
태웅 아무래도 오늘 터뜨려야겠네요.

**(웃음) 두 분이 집에서 편안함을 느끼는 공간은 어딘지
궁금해요.**
현정 음, 스테이 리셉션으로 쓰는 카페 공간이요. 우리
집의 일부를 떼어서 공유 공간으로 놔둔 거라 아쉽기도
했는데, 오히려 지금은 거기서 보내는 시간을 좋아하게
됐어요. 작은 데스크에 앉아 체크인 할 손님을 기다리면서
책을 읽고 일기도 써요. 차분하게 누군가를 기다리고 있는
시간이 평화로워요.
태웅 저는 거실이에요. 일단 바깥으로 통하는 문이 두 개라
어떤 상황에서든 실용적이고요. 거기서 책을 읽고 싶어서
라운지체어를 샀거든요. 지금까지는 바빴지만 앞으로는
그럴 여유가 많아질 거라는 예감이 들어요. 좋아하는
소품들을 모아둔 아카이빙의 공간이기도 하고요.

**공간이 하나의 분위기를 취할 수 있는 건 두 분의 취향이
비슷해서일까요?**
현정 그런 것 같아요. 어떤 오브제를 보고 속으로 예쁘다고
생각하는데 남편이 똑같이 말할 때가 있거든요.
태웅 취향이 넓었으니 이것저것 시도해 보면서 실패도
하고 오랫동안 좋아할 만한 것들을 찾아내게 된 것 같아요.
서로 함께한 세월이 쌓이다 보니 맞춰진 것도 있겠죠.
지금은 자연스러운 게 가장 아름다워 보여요. 유행에
민감한 도시에서 벗어났으니 느긋한 자연스러움이 좋아요.

그럼 식성은요?
현정 좀 달라요. 저는 자극적이고 맵고 짠 것들을 좋아하고
남편은 슴슴하고 재료 본연의 맛이 살아 있는 요리를
좋아해요.

주로 읽는 책의 장르는요?
태웅 저는 자기계발서나 데이터 분석 도서를 읽고, 현정은
문학을 좋아하는 것 같아요.

**다른 무엇보다 아름다움에 대한 기준이 비슷한 거네요.
아름다운 물성을 보기만 하는 것과 수집해서 나의 공간에
두는 것은 어떤 차이가 있을까요?**
태웅 이 아름다움을 오랫동안 볼 수 있을 것 같다는
확신이 들면 내 공간에 두고 싶어져요. 물건도 하나의
가족처럼 함께 생활하는 거잖아요. 쉽게 내버릴 만한
물건들은 마음에 들어도 가져오지 않아요. 저와 현정만의
기준이랄까. 일종의 책임감 같기도 하고요.

현정 조금 비슷한 이야기로 아시 하우스를 만든 후에는
기준이 '우리'가 되었어요. 비싸거나 구하기 어려운 걸
떠나서 무엇이든 우리스러운가, 우리와 어울리나 여러 번
고민하게 돼요. 이렇다 보니까 평소에 누군가에게 선물할
때 정말 괴롭더라고요. 물건이라는 게 나한테는 좋지만
상대방에게는 짐이 될 수도 있으니까요. 결국 그 사람이
식당에서 무얼 먹었는지 떠올리면서 요리를 해주거나
와인을 선물하곤 해요.

**아시 하우스에서 두 분에게 특별한 아이템이 무얼까
궁금해요.**
태웅 음…. 스테이 A룸에 들어서면 조명을 올려놓은

사이드보드가 있거든요. 데이비드 로젠이라는 디자이너가 만든 건데, 그 서랍장 하나가 스테이 내부 인테리어의 디자인 방향이 되어줬어요. 붉은빛으로 태닝된 빈티지 우드에 손잡이는 앤틱한 느낌이라서 투박하면서도 우아함이 느껴져요. 그동안 유명한 브랜드 제품도 많이 써봤지만, 그다지 유명하지 않은 디자이너의 가구 하나가 이곳까지 와서 많은 이미지를 파생시키고 줄기를 만들어줬다는 점이 특별한 물건이에요.

현정 저는 작은 것들, 차 도구가 떠올라요. 숙우나 티팟 같은 것들인데 서울에서는 그걸 사 두고도 온전히 즐길 여유가 없었어요. 오히려 이곳에 와서야 진가를 발견하게 된 거죠. 차를 마시러 간 카페에서 눈여겨보거나 빈티지 숍에서 구매해요. 리셉션에서의 기다림을 함께 해 주는 아이템이에요.

게 자연이었기 때문에, 날마다 계절마다 달라지는 자연을 보면서 지내는 거죠.

이곳에서의 일상이 더할 나위 없이 충만해 보이네요.
태웅 쉼이라는 개념도 달라졌어요. 가만히 있는 것이 쉬는 게 아니라, 내가 하고 싶은 걸 하는 게 온전한 쉼이라고요. 이곳에서의 노동은 누군가 시킨 게 아니기 때문에 전부 자발적인데요. 청소나 정원 관리처럼 자발적인 노동이 즐겁고 재미있게 다가와요.

가만 보니 이야기 중 '청소'가 자주 등장하는데요.
스테이의 주된 업무 중 하나인가 봐요.
현정 맞아요. 청소 노동을 주로 한다고 하니 사무직으로 일할 때보다 안타깝게 생각하는 분들이 많더라고요.

함께하는 시간을 즐겁게 만들어주는 물건이네요.
좋아하는 것에 둘러싸여 지내는 건 삶에 어떤 영향을
줄까요?
현정 저와 남편이 일주일 중 일주일을 여기서 보내거든요(웃음). 누군가는 심심하지 않은지, 고립된 기분이 들지 않는지 묻곤 하는데, 전혀 아니에요. 왜 여기서 보내는 시간이 지겹지 않을까 생각해 보면, 우리가 좋아하는 모든 게 이곳에 있기 때문이에요. 그걸 만끽하면서 보내는 것만으로 충분해요.
태웅 쉴 때도 좋아하는 가구에서 쉬고, 일할 때도 내 손에 꼭 맞는 물건들로 청소하니까 다른 어딘가에 목마르지 않아요. 새로 생긴 카페나 팝업 스토어 같은 데 가고 싶다는 생각도 들지 않고, 구불구불한 길을 따라 올라와야 하는 시골에 있어도 행복해요. 가장 좋아하는

부모님도 그렇고요. 저한테는 청소라는 게 깨끗하게 만든다는 목표 하나로 나아가는 거니까 어찌 보면 명상처럼 느껴져요. 깨끗이 닦는다, 주름을 편다. 이런 단순 반복 행위를 하면서 몸과 마음을 비우는 기분이 들어요. 사람마다 노동의 가치가 다르다는 게 새삼 와닿아요.

집을 청소할 때도 비슷한 생각을 하세요?
태웅 오, 집은 좀 달라요(웃음). 스테이는 손님이 왔을 때 먼지 한 톨 없어야 된다는 수련의 마음으로 한다면, 집은 조금 지저분해도 괜찮아요. 커트라인이 낮은 거죠.

스테이 관리를 모두 마치고 손님도 없는 하루에는
두 분이 무얼 하며 보내는지 궁금해요.

현정 근처에 조종시네마라고 동네 극장이 하나 있어요. 독립 영화를 좋아하는데 큰 상업 영화만 상영하는 터라 아쉽지만, 그래도 없어지면 안 되니까 꾸준히 가요. 서울 나들이를 갈 때도 있는데, 광화문 씨네큐브에서 영화 보고 카페 가는 게 거의 고정 코스예요. 대도시 서울이 싫어서 왔지만 가끔 가서 북적이는 인파에 휩쓸리고 오는 건 재밌더라고요. 에너지를 다 쓰면 지쳐서 "얼른 돌아가자…." 하고요.

에너지를 얻기도, 쓰기도 쉬운 곳이죠(웃음). 취미가 같으니 여가를 함께 보내기에 좋겠어요.

태웅 맞아요. 영화는 하나의 주제에 대해서 저와 현정이 더 깊이 대화하도록 만들어주니까 좋아요. 서로의 생각이 같지 않아도 흥미롭고요. 그중에서도 독립 영화는 사소한 이야기를 참 많이 하는데, 생각해 보면 우리의 일상처럼 느껴져요. 우리 삶이 상업 영화처럼 매번 어마어마한 사건이 일어나는 게 아니다 보니, 시선이 사소한 것에 더 쉽게 닿는 것 같아요.

태웅 씨는 사진이나 음악에도 관심이 있다고 알고 있어요. 리셉션에 틀어두는 플레이리스트를 직접 고른다고요.

태웅 사진과 음악은 어릴 때부터 좋아했어요. 무얼 할 때 공간에 음악을 틀어두고 원하는 분위기를 만들어야 집중이 잘되더라고요. 그래서 일주일에 한 번씩 스포티파이에서 아시 하우스의 플레이리스트를 만들어 재생해요. 국적이나 가사의 유무는 중요하지 않지만, 음악이 상황의 배경이 되는 걸 선호해요. 자기주장이 강한 멜로디나 가사는 잘 듣지 않죠. 리셉션에서 손님들과 마주하는 잠깐의 시간 동안 성향을 파악하려고 하는데, 그 이유가 저마다의 성향과 비슷한 노래를 들려 드리고 싶어서예요. 단골손님이 생긴다면 그분들의 음악 취향을 기억해 두고 싶어요.

아시 하우스 홈페이지나 인스타그램에 올라가는 사진도 모두 직접 찍고 있죠?

태웅 맞아요. 매일 다른 모습을 기록하기 위해 늘 주머니에 카메라를 넣고 다녀요. SNS나 웹 페이지도 저한테는 하나의 공간이거든요. 그걸 봤을 때 어떤 느낌, 어떤 세계처럼 닿기를 바란다는 마음을 담아서 촬영하고 있어요. 아시 하우스는 꿈같은 공간이라는 생각이 들어서 좀 더 희미한 느낌으로 담고 있고요. 음악처럼 사진으로도 세계관을 만드는 작업이 재미있어요. 가만 보면, 현정의 요리도 그렇고 취미가 일의 영역으로 넘어간 것 같기도 한데, 오히려 자신감이 생긴 것 같아요. '이제 우리는 다 할 수 있잖아. 우리가 하면 되지.' 이렇게요.

그럼 이번 생은 아시 하우스에서 보내기로 했으니, 다음 생을 상상해 볼까요? 하고 싶은 일이 있어요?

현정 이번 생의 저는 직업의 세계를 너무 몰랐던 것 같아요. 한때 식물에 한창 빠졌던 적이 있어서 다음 생에는 정원사를 하고 싶어요. 자연은 우리가 통제할 수 없으니 오히려 공부할 수 있는 세계가 무궁무진하더라고요. 이 꽃이 왜 죽었는지, 이 나무는 왜 옆집에만 피는지 깊게 알아보고 싶어요.

태웅 학창 시절로 돌아간다면… 작곡 공부를 해보고 싶네요. 음악이라는 게 무형의 창작물인데 누군가에게 끼치는 영향이 막대하잖아요. 만든 이가 사라져도 음악은 계속 존재하고요. 멋지고 신기한 존재, 아름다운 존재라고 생각해요.

슬슬 마무리를 지을 시간이에요. 아시 하우스에서 지나온 시간보다 앞으로가 더 길 텐데, 어떤 삶을 꿈꾸고 있는지 궁금해요.

현정 일상이 유지되면 좋겠어요. 저는 평범한 일상이 흔들리는 게 무섭거든요. 하루하루 똑같이 반복하면서, 지금 오신 손님들이 아주 나중에 와도 여전히 이 자리를 지키고 싶어요. 물론 모습은 조금 늙었겠죠?

태웅 저도 비슷해요. 아시 하우스라는 건 결국 저와 현정이니까 어떤 형태가 되어도 중심은 변하지 않을 거예요. 잔잔하게 살아가고 싶어요.

현정 맞아, 무탈하게 반복되는 일상. 그게 가장 어려운 일인 것 같지만요.

아시 하우스는 그럴 것 같은데요? 다음엔 저도 두 분의 아름다운 기억을 살피러 올게요.

현정 물론이죠! 꼭 오세요.

머리 위에 떠오른 해를 보며 시작했던 대화는 사방에 어둠이 내려앉고 나서야 마지막 온점을 찍었다. 길고 긴 이야기를 풀어내는 동안, 나는 이곳이 정말 편안하다고 느꼈다. 해의 움직임에 따라 일상이 흐른다는 현정 씨의 말처럼 눈꺼풀이 무겁고 노곤해지기도 했다. 태웅 씨가 고심하여 흘려둔 잔잔한 음악 사이에서, 오늘 읽어 내려간 그들의 기억을 곱씹어본다. 충분히 즐겁고 평온해서 아름다운 공간과 함께.

CARMINE ALEXANDER

LE CHAPITRE 36 RUE SAINT LOUIS EN L'ISLE PARIS

Yangjibaren In The Room
그림과 곁 하는 몇 가지 방법

양지—양지바른·김지혜—지혜 스튜디오

에디터 이주연
포토그래퍼 강현욱

"저게 뭐지? 근사하다." 방금 본 멋진 소품을 설명하려는데 이름도 모르겠고
묘사도 쉽지 않다. "멋진 그림이 새겨진 카펫 같은 건데, 카펫보다 부드러워서
모포처럼 쓸 수도 있고 벽에 작품처럼 걸 수도 있어." 모호한 설명 끝에
이름을 알게 되었다. '태피스트리'. 양지바른의 태피스트리는 삽시간에
내 눈길을 사로잡았고, 양지의 맑고 밝은 아트워크가 자꾸 궁금해졌다.
뭐지? 어디다 그리는 거지? 어떻게 만드는 거지? 물음이 꼬리를 물고 이어져
안 되겠다 싶어 양지바른을 찾아 나섰다. 양지가 머무는 곳은 광주광역시
양림동. 얌전하고 조용한 동네에 초대받은 날, 궁금한 마음으로 조심스레
초인종을 누른다. 이내 현관을 열고 마당으로 뛰어나온 두 사람. 서로의
발소리만으로도 까르르 웃음이 터지는, 이 곰살맞은 한 쌍과의 첫 만남이다.

양림동 우일선 선교사 사택에서 양자(위), 김지혜(아래)

영감은 하나의 상상이에요. 무언가에서 영감을 얻으면 상상으로 물꼬를 트고,
저는 그 안에서 자유롭게 무엇이든 해요.

나무가 많은 동네

광주는 더러 와봤지만 양림동은 처음이에요. 느낌이 참 좋은 동네예요. 얌전하고 다소곳하면서도 귀여운 인상을 받았어요.

양지 제가 칭찬을 받는 것처럼 즐거워요. 양림동은 제가 참 좋아하는 동네예요. 서울이랑 거리가 있어서 오시느라 고생하셨죠? 그래도 이곳으로 초대하게 돼서 기뻐요.

여행하는 기분이라 좋았는걸요. 어느 인터뷰에서 양림동을 "나무가 많은 동네"라고 소개하시더라고요. 동네에 애정이 많다는 생각이 들었어요.

양지 뉴욕에서 7년 정도 지내다가 고향인 광주로 돌아왔는데, 고즈넉한 곳에서 작업하고 싶다는 생각이 들었어요. 동시에 이젠 제 공간을 갖고 싶기도 했고요. 상업 시설이 발달하거나 유동 인구가 많은 곳보다는 조용한 데 자리 잡고 싶었어요. 양림동을 눈여겨보던 중에 여기가 서양 근대 문물이 가장 먼저 들어온 동네라는 것을 알게 됐어요. 선교사들이 자리 잡은 터였던 거죠. 100년 전 유산을 그대로 지닌 채 마구잡이로 개발되지 않은 점이 좋았어요. 자연과 가까운 동네라 더 마음이 갔고요.

이 건물도 참 예뻐요. '공간 양지바른'이라고 부르고 있죠. 건물보다는 하나의 존재… 같달까요.

양지 오래된 주택인데 구조도 특이하고, 제 뜻대로 여기저기 개조해서 더욱 마음에 드는 곳이 되었어요. 저는 '양지바른'이라는 이름으로 그림 작업을 해나가고 있는데요. 이름처럼 양지바른 곳에 자리 잡고 싶어서 해가 잘 드는 곳을 찾아다니다 이 주택을 만났어요. 따뜻한 느낌이 좋아서 여기가 제 공간이구나 싶었죠.

공간이 꽤 넓어요. 슬쩍 둘러봐도 되나요?

양지 그럼요. 공간 양지바른은 지하, 1층, 중간층, 2층으로 구성돼 있어요. 중간층이 있는 게 좀 독특하죠? 오래된 주택이라 이런 구조로 지어진 것 같아요. 중간층이 매력적이어서 여기를 택한 것도 있어요. 1층에는 제 아트워크와 태피스트리를 살펴볼 수 있는 쇼룸 겸 로비가 있고요, 구석엔 자그마한 숍 공간이 있어요. 제 아트워크를 엽서나 작은 굿즈로 만들어 판매하고 있죠. 카페도 겸하고 있어서 마실 거리나 스콘, 케이크를 1층에서 구매하고 어디든 원하는 공간에서 즐길 수 있어요. 중간층은 제가 소중히 모아온 작가들의 오리지널 작품과 빈티지 포스터로 장식해 두었어요. 군데군데 제 드로잉 작업도 있고요. 지하는 아트북 위주예요. 뉴욕은 길거리에서 3-4달러면 빈티지 아트북을 구할 수 있는데 오가며 사 모은 게 꽤 많아져서 바리바리 들고 돌아왔거든요(웃음). 가끔 그릴 소재가 떠오르지 않을 때 지하에 있는 책을 아무거나 뽑아서 살펴보곤 해요. 제 취향으로만 가득 채웠기 때문에 책 한 권만 열어봐도 그리고 싶은 것들이 떠올라요. 지하는 제 영감 꾸러미나 다름없어요.

포털사이트에서 검색해 보니 '갤러리 카페'라고 분류돼 있더라고요. 갤러리인 것 같으면서도 쇼룸 같고, 또 어떤 면에선 카페인 것 같기도 해서 하나로 정의하기가 어렵네요.

양지 1차 목적은 양지바른 태피스트리와 아트워크를 보여주기 위한 갤러리이자 브랜드 쇼룸이었어요. 그다음 고려한 게 작업실이었죠. 사실 갤러리 카페는 사람들이 손쉽게 방문하도록 장벽을 낮추려고 만든 역할이에요. 브랜드 쇼룸이라고 하면 사람들이 찾아오질 않거든요. 공간을 열기 전엔 작업하다가 손님이 오시면 나가서 커피도 내어 드리고 작업도 설명해 드리는 걸 상상했는데요. 그건 제 오만이었어요(웃음). 작업에 집중하려고 하면 사람이 들어오고, 손님을 맞다 보면 집중력이 사라지고, 연달아 손님이 들어오면 정신도

없더라고요. 뉴욕에 있을 때는 제 작업을 꺼내 보일 공간이 SNS뿐이었어요. 그래서 사람들 반응에 갈증이 있었는데, 간간이 아트페어에 나갈 때마다 활력을 얻게 되더라고요. 사람들 반응을 즉각적으로, 제 눈으로 확인할 수 있으니까요. 사람들이랑 소통하는 데서 긍정적인 기운을 받으면서 가만히 사람들 반응을 기다리지 말고 적극적으로 보여주고 소통하고 싶다는 생각이 들었어요.

카페 역할에도 소홀하지 않은 것 같아요. 온종일 커피만 마셨는데 지금 마시는 커피가 제일 맛있어요(웃음).
양지 본격적인 카페라 말하기엔 조금 민망해요. 양지바른만의 시그니처 메뉴도 없고, 에스프레소 기계도 없거든요. 모든 커피를 다 핸드 드립으로 내려요.
지혜 드립 커피라 더 맛있는 거 아닐까요(웃음)? 무엇보다 여기 케이크가 정말 맛있어요. 꼭대기층에서 고모님이 일주일에 서너 번 베이킹을 하시는데요. 스콘과 케이크에 진심이세요.

마침 지혜 씨 소개를 들어보려 했는데 빵 소개로 말문이 열렸네요(웃음). 만나서 반가워요. 양지바른의 태피스트리를 디자인, 제작하고 계신다고요.
양지 지혜는 제 그림을 상품으로 실현해 주는 역할을 해요. 태피스트리로 시작했지만 점차 영역을 넓혀가 보려고 요즘은 계속 아이디어 회의를 하고 있어요. "이거 어때?", "이것도 해보고 싶다!" 그러면서요. 지혜는 3주 정도 호주에 있었는데 마침 오늘 새벽에 귀국하게 돼서 가까스로 합류할 수 있었어요.
지혜 돌아오자마자 잠깐 자고 부랴부랴 광주로 왔어요(웃음). 아, 그런데 혹시 KTX 타고 오셨어요?

네, 아침 10시 기차요.
지혜 우리 같은 열차 타고 온 것 같아요(웃음). 서울역 대합실에서 어떤 남성분 옷차림이 예뻐서 눈여겨봤거든요. 검은 목폴라에 검은 셔츠를 입으셨는데 단정하고 잘 어울렸어요. 근데 그분이 포토그래퍼분이신 것 같아요(웃음). '어디서 본 것 같다….'고 생각하다가 지금 막 떠올랐어요. 저는 패션 디자인을 전공하고 뉴욕에서 디자이너로 일해온 김지혜라고 해요. 꾸준히 해오던 일인데 문득 빠른 속도와 그보다 앞서 달려야 하는 상업 의류에 회의감을 느끼기 시작했어요. 다들 빠르게 움직이기 때문에 같이 달려야만 했는데, 영문도 모른 채 뛰어가는 기분이었어요. 숨 가쁘게 달리는 나날이 이어지던 때, 양지 작업이 눈에 들어오더라고요. 양지의 그림을 보면… 그리는 사람의 손길이 느껴지고 마음이 따뜻해져요. 팍팍한 일상 속에 이런 느낌이 있으면 좋겠다는 생각이 들어서

양지의 아트워크로 일상용품을 만들어 보고 싶다는 생각을 하게 됐죠. 아트워크로 만들 수 있는 건 많지만 제가 섬유를 다루는 디자이너니까 이쪽 분야부터 고민하게 되었어요.

그 시작이 태피스트리였던 거군요. 두 분의 인연이 궁금해지는데요.
지혜 2014년에 뉴욕에서 만났으니까… 와, 올해 10년 됐네?
양지 정말이잖아! 둘 다 뉴욕에 온 지 얼마 안 됐을 때 지인 소개로 만나게 됐어요. 아직 이 도시에 적응하기 전이고, 친구도 많지 않을 때라 금방 친해졌어요. 성격도 잘 맞았고요.
지혜 양지를 보자마자 "엄청 예쁘다!" 그랬어요(웃음). 첫 만남부터 지갑을 잃어버리질 않나… 그런 상태로 같이 뮤지엄에 갔는데 굉장히 정신없던 기억이 나요.

주고받는 눈빛이 꾸밈없어서 묻지 않고도 친하다는 걸 알 수 있었어요. 자기소개는 재미없으니까, 이참에 서로 소개해 보면 어때요?
양지 성격 검사나 심리 테스트를 하면 저희 결과는 항상 다른데요. 그 궁합은 매번 100퍼센트더라고요. 어떤 검사든 다 그런 결과가 나오는 게 신기해요.
지혜 성격은 다르지만 취향은 같고, 서로 없는 걸 갖고 있어서 잘 맞는 것 같아요. 예컨대 양지는 머리로 생각하는 사고형인 반면, 저는 완전히 감정형이거든요. 그래서 양지가 너무 뇌로만 생각하면 제가 감정적인 부분을 건드리고, 제가 너무 감정적으로 굴면 양지가 사고를 잡아주는 편이에요.
양지 제가 놓치는 것들은 지혜가 챙겨주고요. 저는 직진 스타일이라 뭐든 "진행하자!" 하는데요, 지혜는 제 이야기에 공감해 주면서도 "언니, 근데 이건 이렇게 바꿔보면 좋을 것 같아." 하고 디테일하게 짚어줘요. 지혜 덕분에 큰 틀 안에서 작은 것들도 되짚어보는 시간을 갖죠. 저희는 취향이 놀랍도록 비슷해서 레퍼런스가 100개 있으면 그중 괜찮다고 고르는 게 똑같아요.
지혜 약간 아바타처럼 느껴질 정도예요.
양지 안 보이는 촉수로 연결된 느낌(웃음).

쿵짝이 엄청 잘 맞는데요(웃음). 지혜 씨는 아직 뉴욕에 살고 있는 건가요?
지혜 얼마 전에 한국으로 돌아와서 서울과 제주를 오가며 지내고 있어요. 제주에 작업실을 꾸렸거든요. '지혜 스튜디오'라 이름 붙이고, 아티스트와 협업하면서 프로젝트성 작업을 하고 있어요. 저는 뉴욕에 있을 때 토리버치Tory Burch라는 브랜드에서 오래 일했는데요.

앞서 말했다시피 빠른 흐름에 조금씩 지쳐갔어요. 빠르게 달려야 하는 이유를 찾지 못했거든요. 느린 호흡으로 작업을 음미하고 싶어서 지금은 그림 그리는 아티스트, 퍼포밍 아티스트와 협업하면서 이유 있는 작업을 해나가고 있어요. 섬유나 자수 등을 활용하여 의류와 관련된 것들을 작업하고, 그중에서도 쓰임 있는 물건 만들기에 집중하죠. 그런 의미에서 양지랑 하는 작업이 좋은 자양분이 돼요. 평면으로 만들어지는 양지의 아트워크를 보면서 양지의 손맛을 어떻게 물성에 표현할 수 있을지, 어떤 섬유로 표현하고 어떤 방식으로 내보내면 가장 잘 전달될지 고민하는 게 굉장히 즐거운 과정이자 모험이거든요.

두 분이 함께하는 태피스트리는 세계 곳곳 장인들의 아틀리에와 협업하며 소량으로 제작한다고 들었어요. 퀄리티를 중요하게 생각한다는 인상을 받았는데, 판매 금액을 생각하면 타협도 필요할 것 같아요.
양지 처음 작업할 땐 합리적인 가격대는 머릿속에 없었어요. '퀄리티로 승부를 보자!'뿐이었죠. 가장 좋은 퀄리티를 위해 샘플링 작업을 정말 많이 했어요. 가격을 고민하게 된 건 공간을 운영하면서부터였죠. 직접 구매자들과 만나게 되니까 가격 때문에 구매를 망설이는 분들이 보이기 시작했거든요. 온라인으로 판매할 때는 몰랐는데 여기서는 손님들 반응이 와닿더라고요. "조금 더 저렴한 것도 있나요?"라는 질문을 심심치 않게 받았어요. 금액을 낮추기 위해 퀄리티를 포기할 수는 없어서 고민이 많았어요. 그래서 크기나 제작이 비교적 간편한 발매트로 장벽을 낮춰보면 어떨까 싶었지요.

지혜 저희는 무엇을 만들든 퀄리티를 최우선에 두어요. 생활에서 쓰이는 걸 만드는 거니까 불편함을 최소화해야 하거든요. 또 저희가 중요하게 생각하는 것 중 하나가 윤리적인 부분이에요. 쓰임이 좋으면서도 무해한 걸 만들자는 마음이죠. 최대한 자연에 해가 되지 않기 위해 재활용 코튼을 사용하는 식으로 작업하고 있거든요. 상업적으로 판매하는 제품이더라도 자부심을 느끼고 싶어서 윤리성을 특히 신경 쓰고 있어요. 판매할 때 부끄러움이 없기를, 우리가 구매자여도 선뜻 사고 싶은 물건이기를 바라며 만드는 거죠.
양지 그런데 아이러니하게도 손실을 최소화하고 친환경적인 마음으로 만들면 금액대가 점점 높아지더라고요. 퀄리티를 지키면서 친환경적이고, 대중에겐 좀더 다가가기 위해 어떤 방법이 좋을까 고민하면서 지금은 한정 수량을 뽑는 데 집중하고 있어요. 공장이나 아틀리에도 최대한 많이 조사하고 합리적으로 거래할 수 있는 곳을 택하기도 하고요.
지혜 큰 브랜드가 아니어서 대량 생산은 어려운데, 대부분 소량으로는 제작을 잘 안 해주거든요. 그래도 다행히 이번에 제주에 작업실을 만들면서 산업용 자수 기계라든지 섬유 관련한 기계들을 들여와서 앞으로는 직접 제작해 볼 수도 있을 것 같아요. 작은 제품은 샘플링 작업도 해보고 조금 더 다양한 시도를 해보려고요. 이전까지는 양지 그림이 상품화되는 걸 돕는 중개자처럼 느껴지기도 했는데요. 앞으로는 적극적으로 재미있는 걸 많이 시도해 볼 수 있을 것 같아요.

나답고 쉬운 것

두 분의 뿌리는 태피스트리일 텐데요. 태피스트리라고 하면 그려지는 이미지는 있지만, 정확히 뭐라고 설명하면 좋을지 어렵더라고요. 직접 소개해 주신다면요?

양지 처음엔 저도 어려워서 정의를 찾아봤는데 '일종의 직물 공예'라고 하더라고요. 색실이 겹겹이 가로세로로 짜여서 아트워크를 완성하는 형식인데요. 사실 프린트가 아니기 때문에 선명함은 조금 떨어지지만 섬유가 주는 고급스러움이 있어서 평면의 아트워크와는 또 다른 느낌을 줘요.

지혜 태피스트리만의 밀도가 있다고 생각해요. 생각하지 못한 텍스처가 나올 때 굉장히 즐겁거든요. 시중에 나와 있는 태피스트리 무늬는 보통 단색으로 플랫한 느낌이 많아요. 주로 도형미를 보여주는 식이죠. 근데 저는 양지의 그림 중에서도 자유로운 선의 느낌을 좋아하거든요. 거기서 언니의 성격이 묻어 나온다고 생각하고, 그건 다른 사람이 흉내 낼 수 없는 거예요. 양지의 자유로운 선이 과연 태피스트리로 표현될까 긴가민가하면서 '라벤더 허그'라는 작품을 시험 삼아 만들어 봤는데요. 상상하지 못한 밀도와 질감이 나오는 거예요. 색실의 섞임이 굉장히 오묘했어요. 샘플을 뽑자마자 둘이 동시에 그랬어요. "이거 진짜 특별하다! 하자." 이미 시장이 형성돼 있는 태피스트리 안에서 어떤 차별성을 둘 수 있을까 고민했는데, 양지의 자유로운 선에서 한 줄기 빛을 본 거죠.

'라벤더 허그'

그럼 첫 작업이 '라벤더 허그'였나요?

양지 아뇨, 첫 작업은 '골든 선셋'이었어요. 사실 '골든 선셋'은 태피스트리를 만들어 보자는 생각으로 작정하고 그린 그림이었어요. 근데 만들고 보니까 이건 우리 방식이라는 생각이 안 들더라고요.

지혜 태피스트리를 만들고 싶어서 양지와 함께한 게 아니라, 양지 그림을 쓰임 있는 물성으로 만들고 싶어서 태피스트리를 택한 거였으니까요. 그런데 태피스트리를 위해 그림을 그리는 건 선후가 바뀐 것 같았어요. 그래서 태피스트리는 염두에 두지 말고 일단 그림 작업을 하라고 했어요. '골든 선셋' 이후로는 제품을 만들기 위해 그린 그림은 없어요.

양지 지혜가 자유롭게 그리라고 말해준 덕분에 조금씩 더 특별한 태피스트리 작품이 만들어지기 시작했어요. (벽에 장식된 태피스트리를 가리키며) 이게 방금 이야기한 '라벤더 허그' 태피스트리인데요. 색실이 얽혀 있는 형태가 두드러지죠. 호응도 좋았어요. 좀더 나다운 그림을 그려도 되겠다, 더 하고 싶다,는 생각이 들게 해준 작업이었어요.

국내에서 생산 라인을 찾기도 쉽지 않을 듯한데, 세계의 아틀리에를 물색하는 건 훨씬 광범위한 일 같아요.

지혜 그동안 뉴욕에서 일하면서 해외로 출장을 많이 다녔어요. 나라마다 특출하게 잘하는 분야가 있어서 제작에 도움을 받기 위해서였죠. 그때 특이한 소재나 퀄리티가 뛰어난 것들을 만나면 항상 양지한테 연락했어요. 여기 이런 게 있다고, 한번 해보자고. 대표적인 게 인도였죠. 인도는 면제품도 굉장히 뛰어나고, 러그가 유명하거든요. 마침 그때 양지도 러그에 관심을 가질 때라 양지의 아트워크를 양모로 제작해 보기로 했어요.

양지 전 세계에서 처음 울마크를 획득한 아틀리에와 협업한 작업이었죠. 딱 다섯 개 만들었는데, 지금 두 개 남아 있어요. 남는 거 없이 금액을 책정해도 재료가 고가다 보니까 수십만 원에 판매할 수밖에 없더라고요. 금액이 너무 사악해서 숍에는 올리지도 않았어요(웃음). 그래서 제품이 아니라 작품이 되었죠.

지혜 판매되지 않더라도 다양한 방면으로 도전해 보는 게 큰 공부가 돼요. 일단 시도해 보면 두 눈으로 보고 손으로 만져볼 수 있기 때문에 진가를 알기에도 좋거든요. 양지바른 제작은 현재 미국에서 만들어지고 있어요. 태피스트리만 전문으로 하는 오래된 아틀리에와 협업 중인데, 연달아 시행착오를 겪다가 이제야 호흡이 맞춰졌죠.

어떤 문제들이 있었어요?

양지 아무래도 외국에서 제작을 요청하는 거다 보니

소통도 쉽지 않고, 시차도 있어서 소통이 더뎠어요. 제작할
때마다 배송비가 달라지는 것도 답답했어요. 같은 수량,
같은 무게의 물건을 받아도 매번 배송비가 다르더라고요.
눈 뜨고 코 베인다는 게 이런 건가 싶었어요. 그래도
포기하지 않고 계속 제안하고, 타협하고, 양보하면서
소통을 이어갔고, 결국 이렇게 맞춰져서 꾸준히 협업해
오고 있네요.

쓰임이 있는 물건을 만들고 싶다고 했는데, 쓰임이
좋다고 해서 모두 손이 가는 건 아닐 거예요. 두 분이 특히
좋아하는 물건은 어떤 거예요? '쓰임이 좋고, ○○한
것.'의 ○○을 채워본다면요?
양지 쓰임 있는 물건이 귀엽기까지 하면 최고죠.
저희가 항상 말하는 건 "귀여운 건 통한다, 귀여운 건
최고다!"예요. 귀엽기 위해서는 색감을 빼놓을 순 없어요.
둘 다 색을 참 좋아해서 색에서 영감을 받으면서 작업해
나가고 있거든요.
지혜 양지가 색을 어떻게 쓸까를 고민한다면, 저는 양지의
색을 어떻게 물성에서 잘 살릴 수 있을까 고민해요.

색에서 영감을 받는다고 하셨는데, 그 영감이라는 게
도대체 뭘까요?
양지 음… 저를 윤택하게 만드는 것이요. 근데 마음이
윤택해지는지, 뇌가 윤택해지는지는 잘 모르겠어요.
둘 다인 것 같기도 하고요. 영감이 없으면 삭막할 것
같아요. 원동력이라는 단어하고도 맞닿아 있는 것 같고요.

어느 인터뷰에서 "자연물에서 영감을 받는다."는
이야기를 하셨지요. 식물이나 동물 그리고 음악과 향기도
언급해 주셨어요.
양지 저는 다큐멘터리를 좋아하는데, 뉴욕에 있을 때
최불암 아저씨가 나오는 〈한국인의 밥상〉을 챙겨 보곤
했어요. 보통 사람들이 연출 없이 자연스럽게 지내며
밥 지어먹는 모습이 좋아 보였거든요. 프로그램을
보면서 문득 눈에 띄던 순간이 있었는데요, 주로
자연물이더라고요. '저 식물 형태가 재미있는데?' 싶은
마음에 일시정지를 누르고 캡처하고, 마당에 있는
강아지의 자세가 우스워서 캡처하고. 생각 없이 보면
그냥 지나칠 장면이 제 눈에 쏙 들어오는 순간이
있더라고요. 아, 최근에는 설거지하다가 철수세미에서도
영감을 받았어요. 오래돼서 모양이 잔뜩 헝클어진 게
귀여워 보이더라고요.

양지 씨의 영감은 〈한국인의 밥상〉과 철수세미(웃음).
지혜 씨는 어때요?

지혜 저는 영감 안에서 자유로워져요. 영감은 하나의
상상이라고 생각하거든요. 무언가에서 영감을 얻으면
상상으로 물꼬를 트고, 저는 그 안에서 자유롭게 무엇이든
해요. 영감은 디자인이 되기도 하고, 물건이 되기도 하고,
드로잉이 되기도 하죠. 그래서 더 찾아다니게 되는 것
같고요. 일상에서는 아무리 자유롭게 지내도 해야 할 일이
있어요. 밥도 먹어야 하고, 일도 해야 하고, 잠도 자야
하고, 시간에 쫓기게 되고. 그러다 어느 순간 영감을
만나면 해방되는 듯한 기분이 들어요. 저도 양지처럼
자연을 좋아해서 주로 그런 풍경에서 영감을 받아요.
복슬복슬하고, 따뜻하고, 보고 있으면 편안해지고,
유쾌해지는 것들.
양지 라마, 알파카….

양지 씨의 영감은 〈한국인의 밥상〉과 철수세미와 라마,
알파카(웃음)…?
양지 어, 이거 뭔가 이상해지는데요(웃음). 둘 다
라마랑 알파카 같은 털이 북슬북슬한 것들을 좋아해요.
그래서인지 양지바른 태피스트리도 그런 느낌이고요.
지혜 저희 태피스트리는 원사를 순면으로 써서 안고 자면
폭 안겨 있는 느낌이에요. 땀이 날 정도로 따뜻한데, 그게
불편함이 아니라 자연스러움에서 온다는 게 좋아요.
저희는 천연 섬유로 태피스트리를 제작하는데요. 원사에서
느껴지는 부드러움, 따뜻함, 무게감이 특유의 포근함을
만들어 내요. 그래서 양지바른 태피스트리는 벽에 걸어도

아름답지만 직접 사용할 때 특히 기분이 좋아져요. 저는 캠핑 갈 때 항상 들고 다니는데 덮고 있기에도 좋고, 침낭 안에 깔기에도 좋고, 두르고 있기에도 좋아요. 쓰임이 참 좋은데 쓰일수록 점점 더 내 것이 되는 게 천연 섬유의 매력이라고 생각해요. 빨수록 부드러워지고, 공기층이 두꺼워지면서 점점 내 것처럼 되거든요.

'나비 공주의 산책 시간'

지혜 씨가 방금 "영감을 찾아다닌다."는 이야기를 하셨는데요. 일부러 영감을 찾아 나서기도 하나요?

지혜 그럼요. 여행을 다니는 게 특히 그래요. 저는 외국 생활을 오래 하기도 했고, 남편이 외국인이어서 여러 나라를 많이 다니게 되는데요. 늘 생활하던 데서 벗어났을 때 영감이 오기도 하니까 일부러 찾기도 해요. 특히 나라마다 다른 식물의 형태를 보는 게 좋더라고요. 이번 호주 여행에서도, 계절이 반대여서 더 그렇겠지만 식물이 한국과는 많이 다르다는 걸 느꼈어요. 생경한 형태에서 오는 영감이 크더라고요.

'Paradise'

제주에 작업 공간을 마련한 것도 그런 이유 때문이겠어요.

지혜 맞아요, 자연은 맨날 봐도 안 질려요. 맨날 바뀌고.

양지 자연은 최고의 영감이에요. 〈한국인의 밥상〉에서 좀 신기한 꽃만 보여도 캡처해서 따라 그리곤 했는데(웃음). 이게 그 그림이에요. (휴대폰에서 그림을 찾아 보여준다.) 제목은 '나비 공주의 산책 시간.'

꽃술에 뭔가 능청스러운 얼굴이 있네요(웃음). 귀여우면서도 유쾌해요.

지혜 양지는 뭐든 자기가 본 대로 그리는데 그게 너무 귀엽고 웃겨요. 저 언니 머릿속에 뭐가 들었길래 저게 저렇게 보이고 싶을 때도 많고요. 말씀하신 것처럼 양지 그림엔 유쾌함이 있어요. 뭐라고 딱 정의할 수 없는 엉뚱함. 따뜻하고 사랑스러운 그림도 많지만 아기자기한 드로잉을 보면 그 안에 있는 요소가 전부 행복해 보여요. 양지가 그리는 그림은 보는 사람으로 하여금 상상을 하게 만들어요. 행복한 상상.

1층 벽에 붙어 있는 그림도 그런 느낌이었어요. 평화로운 동산처럼 보이는데, 밭과 물에 행성이 빼곡하게 채워져

있더라고요. 사람들은 발가벗고 행성을 줍거나 벽에 그림을 그리고 있고요. 절로 행복해지는 기분이었어요.

양지 아, 1층에 걸어둔 'Paradise' 이야기군요. 태피스트리로도 제작한 그림인데, 느리게 흘러가는 시간과 푸른 자연이 함께하는 곳을 표현하고 싶었어요. 낙원을 상상하면서 그린 그림이죠. 태피스트리로 만들 때 샘플링 작업을 여러 번 해서 색감이 만족스럽게 나왔어요. 개인적으로 애착이 많이 가는 작업이에요.

보이는 그대로 마음에 와닿는 투명한 느낌이 좋아요. 비슷한 맥락에서 양지 씨도 '쉽게 감상할 수 있는 쉬운 작업'을 하고 싶다고 하셨지요.

양지 언제부터 쉬운 그림을 선호하게 되었는지는 잘 모르겠지만, 아마 제가 쉬운 걸 좋아해서 자연스럽게 그렇게 된 것 같아요. 이해하기 쉬운 작업이 무조건 좋다는 얘긴 아니고요. 그보다 작가와 작품이 닮았을 때 좋은 작품이라고 생각해요. 저쪽 벽에 이배 작가님 작품이 걸려 있는데, 쉬운 그림은 아니라고 생각하지만 이배 작가님과 작품이 닮았어요. 그래서 좋은 작품이라고 여기게 되죠.

양지 씨의 '쉬운 그림'은 어떨 때 나와요?

양지 저한테 솔직해졌을 때요. 저한테 솔직하다는 것은 제가 원하는 감정으로, 원하는 마음가짐으로 그림을 그린다는 것과 비슷해요. 어떤 예술가는 슬플 때, 화날 때, 고난에 처했을 때 작품이 잘 나온다고 하는데요. 저는 마음이 평온한 상태일 때 작업이 잘되는 사람이에요. 제가 평온한 그림을 원하기 때문에 마음도 그래야만 작업이 수월하게 진행되는 것 같아요. 장욱진 선생님이 어딘가에서 비슷한 이야기를 하신 걸 보았어요. 장욱진 선생님 그림에는 사람들의 일상이 있잖아요. 암탉, 초가집, 가족…. 소박하고 따뜻한 느낌이지요. 아마 선생님이 그런 걸 좋아하는 사람이어서 그렇지 않을까요?

양지 씨 작업은 밝은 색감이 많아서일까요, 긍정적인 느낌을 담았다는 생각이 들어요. 그러려면 작업할 때의 마음가짐도 건강해야 할 것 같아요. 스트레스받거나 지칠 땐 어떻게 해소해요?

양지 '명상을 하고, 마음을 단련하고, 차를 마신다.'고 대답하고 싶지만 저는 그런 사람이 아니에요(웃음).

속으로 되새기며 달래기보다는 내뱉고 말하면서 표현하는
편이에요. 짜증 나면 신경질 내고, 분노하면 화내는
거죠. 물론 선을 넘으면 안 되겠지만 표현하고 사는 게
건강하다는 생각이 들어요. 표현한다고 해서 제가 아무
때나 화를 내진 않을 거잖아요. 화가 났다면 이유가
있겠지요. 때때로 표현하고 싶어도 그럴 수 없는 자리일
때도 있는데요. 그럴 땐 그 공간에서 나와요. 벗어나는
것만으로도 나쁜 감정에서 해방되는 기분이 들거든요.
밖으로 나와서 크게 심호흡하고 다시 돌아가면 많은
감정이 해소돼 있어요.

지혜 미국에서는 묵직하고 찝찝한 감정이 남아 있을 때
"Elephant In The Room(방 안에 코끼리가 있다)."는
표현을 쓰는데요. 저도, 양지도 코끼리가 있는 상태를 못
견뎌서 빨리 해결하려고 하는 편이에요. 지나간 일에는
후회나 미련을 두지 않아서 금세 벗어날 수 있고요.

양지 다른 사람이 어떻게 생각할지 깊이 고민하지 않는
것도 비슷해요. 혹시라도 불만이 있다면 직설적으로 말하는
걸 좋아해요. 저한테도 직설적으로 말해 주는 게 좋고요.
조금이라도 꼬아서 얘기하면 전 아마 못 알아들을 거예요.

지혜 그런 영역에서 양지는 투명해요. 양지 역시 뭔가를
감추거나 속뜻을 숨기지 않으니까요.

그런 점도 그림과 닮았네요.
지혜 이름이랑도요.
양지 와, 이건 엄청난 칭찬이에요. 저는 제 이름을
좋아해요. 그런데 제 이름을 처음 듣는 분들은 양진이,
양지희 등등 다르게 알아듣는 경우가 많아요. 그럴
때 "양지바른, 할 때 양지예요." 하면 100퍼센트
알아듣더라고요. 그래서 양지바른이라는 말을 좋아하게
됐어요. 브랜드 이름으로 정하기 전에 어떤 검색 결과가
있는지 살펴보려고 포털사이트에서 찾아봤는데요. 제일
먼저 '수목장'이라는 단어가 보였어요. 처음엔 흠칫했는데
곰곰이 생각해 보니까 예쁘더라고요. 양지바른 곳에
나무를 심어 애도하는 거잖아요. 양지바르다는 말에는
역설적이지만 묘한 아름다움이 있다는 생각이 들었어요.

가장 또렷한 쓸모

공간 양지바른 이야기를 해볼게요. 이 공간을 하나부터 열까지 신경 써서 고쳤다는 이야기를 들었어요.

양지 외관은 마음에 들어서 거의 안 바꾸었지만 안쪽은 전부 다 바꾸고 고쳤어요. 인테리어 공사나 리모델링 수준이 아니라, 말 그대로 대공사였죠. 다시 하라고 하면 절대로 못 할 거예요. 손님이 드나들게 될 공간이니 안전 문제가 생길 수 있는 곳은 채워서 막고, 개방감을 주고 싶은 공간은 트고, 자재도 직접 고르고 날랐어요. 천장 마감재와 원목 계단만 빼고 모든 걸 바꾸었죠. 아침마다 나와서 공사하는 걸 확인했어요. 하루만 안 나와도 제가 부탁한 것과 다르게 진행돼 있더라고요.

그래서 이 공간이 양지 씨를 닮았군요. 방문하는 사람들과 어떤 이야기를 나누나요?

양지 커피만 마시고 가시는 분들도 있고, 그림만 보고 가시는 분들도 있어요. 우연히 오셨다가 자그마한 굿즈를 구입하고 가시는 분도 계시고, 태피스트리를 직접 보고 싶어서 찾아와 주시는 분도 있어요. 한번은 굉장히 록스타 같은 분위기의, 온몸에 타투를 하신 덴마크 분께서 태피스트리를 추천해 달라던 적이 있어요. 상대방에 대한 정보가 외모뿐이라 너무 아기자기하거나 귀여운 느낌인 것들을 제외하고 추천해 드렸는데, 그중에서 가장 귀엽고 오밀조밀한 걸 고르시더라고요. 그런 아이러니한 매칭도 기억에 남아요(웃음). 한 번 방문해서 태피스트리를 사 가시고는 다음에 다시 오셔서 두 번이나 더 구입해 가신 모녀도 있었고, 서울에서 일부러 찾아와 주신 부부도 있었어요. 오가신 분들이 하나하나 떠오르네요.

광주, 서울은 물론이고 덴마크에도 양지바른의 태피스트리가 놓여 있겠군요. 어떻게 사용하느냐에 따라 쓰임이 달라지는 것처럼 어떤 공간에 있느냐에 따라서도 분위기가 달라질 것 같아요.

지혜 그럼요, 태피스트리는 쓰임이 워낙 다양해서 자유롭게 사용할 수 있어요. 내부에 있느냐, 야외에 있느냐, 어떤 집에 있느냐에 따라서도 느낌이 달라지죠. 태피스트리를 구입하시면 '이렇게 사용하세요.' 하고 가이드를 드리는데요. 구매하신 분이 직접 쓸모를 찾아낼 때 가장 매력적인 모습이 되더라고요. 저희가 기대하는 부분이기도 하고요. 포스팅해 주시는 사진을 보면서 '우와, 이렇게도 사용할 수 있구나!' 싶을 때도 많아요.

양지 (옆 벽을 가리키며) 여기 걸린 게 '선데이 브런치'인데요. 의도한 건 아닌데 브런치 카페에서 많이 주문해 주시더라고요. 직접 방문해 보진 못했지만 간간이 올라오는 사진들 보면 신기하기도, 기쁘기도 해요.

지혜 태피스트리로 나만의 사용법을 찾는 걸 볼 때가 가장 좋아요. 예술품, 특히 그림은 속된 말로 '모셔둔다'고들 하잖아요. 양지의 아트워크는 그런 역할보다는 같이 살아가는 쪽이 더 잘 어울린다고 생각해요. 태피스트리라면 함께 시간을 보내고, 같이 늙어가는 오브제가 될 거라고 생각했어요. 여전히 좋은 아트워크가 사용자와 함께 나이 들어 갈 수 있는 방법을 고민하고 있어요. '오래오래 곁에서 함께할 수 있는 어떤 것'을 계속 만들어 나가고 싶거든요.

작품의 고유성을 위해 예술이 상품화되는 것에 거부감을 느끼는 사람들도 있을 텐데요. 두 분은 예술이 단독 주체가 되기보다는 사람과 함께 살아가는 거라고 생각하는 것 같아요.

양지 예술은 일종의 환기예요. 환기는 저한테 가장 중요한 요소이기도 하죠. 작업실의 필수 요소 중 하나를 꼽으라면 꼭 창문을 이야기하는데, 환기와 채광을 위해서거든요. 햇빛과 바람은 작업할 때도, 살아가는 데도 중요해요. 작업하다 답답할 때 창문만 열어도 마음과 기분이 시원해지는 것처럼 제 작업도 누군가의 일상에서 환기 역할을 해주면 좋겠어요. 그 역할을 태피스트리가 해주길 바라며 만들고 있고요.

지혜 평범한 일상을 지내다가도 한 번 웃음이 지어지는 순간, 기분이 확 밝아지는 순간을 만들고 싶어요. 양지가 〈한국인의 밥상〉을 보다 멈춰서 캡처하는 것처럼(웃음). 현대 사회를 살아가는 많은 사람이 여유보단 빡빡한 일상을 살아가고 있잖아요. 그 사이에서 미소 지을 수 있는 순간을 건네는 것도 예술의 역할이라고 생각해요. 사람들에게 영감을 주고, 에너지와 감정을 줄 수 있는 게 미학이 아닐까요? 저희는 그중에서도 밝은 감정에 포커스를 두고 이어나가는 거고요.

이번 호 주제어가 '작업 공간'이에요. 두 분은 작업 공간이 뭐라고 생각하세요?

양지 내가 편하게 작업할 수 있는 공간이요.

그럼 어디든 될 수 있어요?

양지 펜이랑 종이만 있다면요. 물론 색 작업을 하고 싶을 때는 좀 다르겠지만, 드로잉에 한정한다면 펜과 종이만 있으면 어디든 작업 공간이 될 수 있어요.

The Art Institute
Of Chicago

Summer Performing
Arts Festival

Donald Judd Writings

Dalí Mustache

Edward Hopper

Cristiano
Volk

Sinking
Stone

Witty Kiwi

hesse
painting

Giorgio Morandi. Late Paintings

The Hour

지혜 그래서 아이패드 프로 처음 나왔을 때 언니한테 바로 추천해 줬어요(웃음). 아이패드 한 대만 있으면 종이에 그리는 것보다 더 실감 나게 작업할 수가 있으니까요.

양지 나 그거 복권 당첨돼서 샀잖아(웃음).

복권이요?

양지 미국에 있을 때 마트에서 산 복권에 당첨돼서 600달러를 받았는데, 그걸로 태블릿부터 샀죠. 아이패드가 생긴 이후로 디지털 작업도 조금씩 해보게 됐어요. 답변을 조금 바꿔야겠네요, 어디든 아이패드만 있으면 작업실이 된다(웃음).

지혜 둘 다 일상과 작업의 경계를 두는 성격은 아니에요. 작업실에 들어서는 순간 작업 모드가 되고, 작업실에서 나서면 작업 생각을 딱 끊는 생활을 하진 않아요. 작업과 일상을 떼어놓을 수 없다고 생각하거든요. 언제나 애매하게 그 경계를 왔다 갔다 하면서 지내고 있죠.

양지 특히 영감이 오는 순간은 매번 달라서 모든 순간을 작업처럼 여기게 돼요. 영감은 언제, 어디서든 받을 수 있고, 그것이 쌓여 작업으로 이어지는 것이다 보니 자연스럽게 경계에서 지내게 되는 것 같아요.

그러고 보니 두 분이 한국에 들어온 시기가 다른데, 협업할 때는 어떻게 만나서 아이디어를 발전시켰어요?

양지 지구촌 시대잖아요, 메시지와 메일로 의견을 주고받았어요. 작업은 항상 그런 식으로 해왔어요. 오히려 만나면 수다 떨고 맛있는 거 먹느라 바빠서 정작 작업 이야기는 안 해요(웃음).

지혜 컬러 샘플 같은 건 각자 갖고 있기 때문에 온라인으로도 작업이 수월했어요. 같이 샘플을 보면서 "나 12번 색 하고 싶은데 어떻게 생각해?" 하고 묻는 식이죠.

양지 그럼 "12번보다 14번이 나을 것 같아." 하고 의견을 주고요. 같은 주황색이어도 톤이나 느낌이 다르기 때문에 디테일한 접근이 필요해요. 태피스트리는 실의 특성상 한 톤 다운된 색으로 나오게 되어서 아트워크랑 비슷한 느낌을 주기 위해서는 여러 방면으로 고민해야 하거든요.

지혜 또한 아트워크의 느낌을 살리면서도 일상에서 쓰이는 거라서 너무 튀지 않는 게 중요하죠. 기분 전환이 될 색감도 고려해야 하고요. 다행히 둘이 색 보는 눈이 비슷해서 의견이 충돌할 일은 거의 없어요. 제가 양지를 너무 잘 알고 있기 때문에 언니가 원하지 않는 색상을 고를 일도 없고, 언니도 제가 원하지 않는 디자인을 요구할 일이 없어요. 우리 역할은 정확해요. 양지가 아트워크에 집중한다면 저는 양지가 못 보는 부분을 어떻게 하면 더 잘 살릴까 고민해요. 언니가 좋다고 하는 부분에 좀더 힘을

주는 것도 고민하고요. 잘하는 부분을 더 잘하도록 만들어 주는 거죠.

태피스트리는 커다란 섬유여서 더욱 따뜻한 느낌이 들어요. 크기에서 오는 압도감도 있지만, 그게 부담스럽지 않아요. 어느 인터뷰에서 "큰 그림을 꾸준히 그리고 싶다."고 이야기하신 걸 봤어요. 큰 그림을 선호하는 이유가 있어요?

양지 그리다 보면 자꾸 종이 밖으로 나가더라고요. 그래서 캔버스에 그리기 시작한 건데, 캔버스에 하다 보니까 진짜 큰 작업을 해보고 싶다는 갈증이 생겼어요. 제약이 없다면 제 몸만한 붓을 가지고도 해보고 싶어요. 아마 주변이 엉망이 될 테니까 물리적으로 쉽진 않겠지만, 조건과 깜냥이 되면 아주 커다란 벽 하나를 전부 다 칠해보고 싶다는 생각도 있어요.

지혜 신나서 할 거 같은데? 이번에 전시할 때도 캔버스 바깥으로 그림 그렸잖아.

양지 아, 맞아요. 전시장에 그림을 걸었는데 선이 더 뻗어나가면 좋겠다는 생각이 들어서 캔버스 바깥으로, 벽까지 그림을 그렸어요. 엄청 신나더라고요. 갤러리가 제 것이 아니다 보니 조심스럽게 해야 했는데, 소심하게 했는데도 기분이 좋았어요.

반면 저희가 있는 중간층에는 자그마한 드로잉도 눈에 띄어요. 작가 소장품 외에 자그마한 그림들은 양지 씨 그림 같은데요?

양지 맞아요. 제 컬러풀한 그림들과는 조금 느낌이 다르죠? 어릴 때 자주 사용하던 채점용 색연필 기억나세요? 실로 돌돌 깎아 쓰는 색연필이요. 그거 검은색으로 드로잉하는 걸 좋아해요. 부드럽게 확확 그려지기보단 덜컥거리면서 그려져서 제 속도감과 잘 맞거든요. 저희 카페는 차가운 드립 커피를 아침에 미리 내려서 소분해서 병에 담아 판매하기도 하는데요. 유리병에 스티커를 하나씩 붙이고 있는데, 그 스티커도 드로잉으로 만들었어요.

색이 다양한 작업을 좋아한다고 생각했는데, 보면 볼수록 잔잔하고 간결한 작업도 눈에 띄어요. 그러고 보니 문패도 나무에 음각으로 새긴 로고죠.

양지 저도 제가 컬러를 좋아하고 많이 쓰는 사람이라고 생각했는데, 한결같지만은 않더라고요. 무조건 밝고 다채로운 색상이 좋다가도 어느 날엔 '다 싫어, 어지러워, 검은색 쓸래.' 하는 날이 오기도 하거든요. 저도 저를 종잡을 수가 없어요(웃음). 문패는 의도적으로 모호하게 제작했어요. 문패만 보고는 어떤 공간인지 알 수 없게끔,

궁금해서 들어오게끔 만들고 싶었거든요. 그랬더니
들어가도 되는 공간인지를 몰라서 오히려 아무도
안 오시더라고요(웃음). 입간판도 없을 땐 온종일 혼자
자리를 지킨 적도 있어요. 지금은 입간판도 생기고, 방문해
주신 분들이 하나둘 사진이나 후기 같은 걸 올려주시니까
자연스럽게 손님이 찾아와요. 누구라도 들러주시면 공간에
활기가 돌아서 좋더라고요. 제 작업 공간이 계속 이런
느낌으로 남아주면 좋겠어요.

**이제 지혜 씨도 한국으로 돌아왔겠다, 제주에 제작이
가능한 작업 공간도 생겼겠다, 조금 더 다양한 활동을
염두에 두고 있을 것 같아요.**

지혜 항상 얘기하는 아이템 중 하나가 가방이에요.
진행 중에 한 번 어그러지기도 했던 아이템인데요.
양지 아트워크로 된 가방을 메고 다니고 싶은데,
좋아하는 재료로 가방을 만들려다 보니 금액대가 너무
높아지더라고요. 이왕이면 탄탄해서 쓰임이 좋은 가방을
만들고 싶거든요. 높은 금액대 때문에 샘플링 작업도 쉽게
할 수 없었는데, 이젠 제 작업실에서 소량이나마 만들어
볼 수 있을 테니까 직접 시도해 보려고 해요. 아트워크로
만드는 가방이 다소 뻔한 아이템일 수도 있지만 뻔하게
계속 만들어지는 이유가 있을 거라고 생각해요. 저희는
무엇보다 쓰임에 집중해서 만들려고 준비 중이고요.
아, 그리고 태피스트리를 만들고 남는 자투리 원단으로도
뭔가를 시도해 보려고 해요. 태피스트리는 직조 기술이
워낙 특출해서 내구성이 좋아요. 윤리적인 디자인을
이어가면서 좀더 자연에 친화적인 디자인을 지속해
보려고요. 지금 생각하는 건 튼튼한 직물이니까 가구를
싸는 덮개를 만들어 보면 어떨까 생각 중이에요. 지금껏
패션 디자이너로 일해 왔지만 저는 섬유를 포함한 광활한
영역에서 여러 작업을 해보고 싶어요.

한국에서 이어나갈 작업이 궁금해지네요.

지혜 저도 기대가 돼요. 한국에는 아직 다 펼쳐지지
않은 좋은 자원이 많아요. 외국에는 이미 굉장한 장인이
많다면, 한국은 그에 비해 발전 여지가 무궁무진하다고
생각해요. 특히 동대문 종합시장 같은 건 우리나라밖에
없어요. 재료가 다 모여 있는 시장을 이렇게 간편히 오갈
수 있다니! 무엇보다 말이 잘 통하는 게 가장 좋아요.
공장 사장님들도 이야기 나누다 보면 우리가 하고
싶은 걸 실현해 주기 위해 함께 고민해 주시는데, 그때
티키타카가 잘되는 것도 좋고요. 발품 팔아 문을 두드리면
좋은 인프라를 만들어 나갈 수 있을 것 같아요. 와, 오늘
오랜만에 한국어로 이야기를 많이 했어요(웃음). 이제 슬슬
배고파지는데, 혹시 광주에 오래 있다 가세요?

**아니요, 기차 시간이 밭아서 대화 마치면 부랴부랴
이동해야 할 것 같아요.**

지혜 아쉽다, 광주에 맛있는 게 진짜 많거든요.

양지 그럼 아쉬운 대로 양림동 산책 어떠세요? 선교사
사택 부근이 정말 예쁘거든요. 종종 저희 태피스트리를
들고 촬영하러 나가기도 하는 곳인데 보여드리고
싶어요. 날씨 추우니까 이거 챙기시고요(핫팩을 건넨다).
태피스트리도 몇 개 들고 나갈까요? 쌀쌀할 때 덮으면
엄청 포근하거든요!

태피스트리를 슈퍼맨처럼 두르고 아이처럼 웃는 두 사람을
보면서 하나의 풍경 같다고 생각했다. 인위적인 무엇도
더해지지 않은, 무결하고 무구한 것이 눈앞에 자연스럽게
놓여 있다는 것이 새삼 좋았다. 멍하니 둘을 바라보고 있는
내게 다가와 태피스트리로 온몸을 감싸주던 두 사람. "이거
덮어요, 따듯해요." 하고 말해주던 목소리가 나를 순수한
기쁨으로 데려다 놓았다. 서울행 KTX에 올라 하루를
곱씹다 내리기 전에 일기장을 꺼낸다. "집에 돌아오는 내내
열차 안에서 온몸을 데워주던 핫팩. 그보다 단단한 온기가
양림동에 뿌리내리고 있다는 걸 알게 되었다."고 쓰고
보니, 마음 한쪽에 따뜻한 태피스트리가 놓인 기분이다.

H. instagram.com/yangjibaren

A Strange Talk With Old Friends
세 건축가와의 기묘한 대화

푸하하하프렌즈—건축가

에디터 김건태

포토그래퍼 Hae Ran

왼쪽부터 한승재, 한양규, 윤한진 소장

2015년 《AROUND》 30호에서 건축가 '푸하하하프렌즈FHHH Friends'의 인터뷰를
진행했다. '우당탕탕 세 친구의 정신없고 유쾌한 토크박스 한 판'이라는 다소 장황한
제목의 기획이었다. 8년이 지난 현재, 건축가 윤한진과 한승재와 한양규, 그들은
어떻게 변했을까? 늙었을까? 흐느적거릴까? 아니면 여전히 반짝이는 열정으로
소란스러울까? 반가운 친구를 만나는 기분으로 푸하하하프렌즈의 아지트를 찾았다.

웃는 얼굴로 세계를 제패하자.

헤어질 바엔 폭파시켜 버린다

《AROUND》에서 처음 인터뷰를 진행한 게 벌써 8년
전이에요. 감회가 새롭네요.
승재 느낌상 1년도 안 된 거 같아요. 연락 왔을 때
반가웠어요.

**그때에 비해서 사무실이 좀 커졌는데, 얼마나 성공한
거예요?**
승재 일단 회사에 돈을 묻어놓은 건 없어요. 월급을 매달
걱정하는 건 똑같은데 직원이 늘어났어요. 열세 명 정도?

**홈페이지 보니까 '신입사원을 위한 안내서'가
생겼더라고요. 체계적이라 놀랐어요.**
승재 그런 게 있나? 아, 할 일 없는 누가 만들었어요.
'IP 주소 접속하는 법' 같은 게 적혀 있는데, 서버 연결할
때 한 번 보고 안 읽더라고요.

**(윤한진 소장이 젖은 머리로 들어온다.) 오랜만이에요. 오늘도
늦으셨네요.**
한진 꿈 얘기 좀 해도 돼요? 꿈에 제 아이가 나왔어요. 지금
세 살인가 네 살인데, 걔가 알 수 없는 병으로 내일 죽는다는
거예요. 처음에는 너무 멀쩡해 보여서 안 믿었어요. 그런데
갑자기 전 직장 사장이 장난감을 들고 오더라고요.
그 냉정한 사람이 오니까 '이거 리얼이다.' 믿게 되는 거죠.
중간에 꿈인 걸 알아서 깼는데, 다시 잠드니까 또 이어지는
거예요. 근데 양규 저 새끼 코 파고 있네.
양규 안에 큰 게 들어 있어서.
한진 아무튼 마지막에 아이가 저한테 안기는 거예요. 꿈인
걸 알았지만 계속 감정이입이 돼서 눈물이 나더라고요.

지금 지각한 변명을 하는 거죠?
한진 맞아요.

**자, 그럼 본격적으로 시작해 볼게요. 건축가의
작업실이라 하면 기대감이 생겨요. 공간 설명을
부탁드려요.**
한승재 이번에 공간 디자인을 맡은 사람은 저였어요. 이전

사무실에서는 각자 책상을 꾸며보라고 했더니 내구성도
약하고 너무 더럽고 그야말로 엉망인 거예요. 그래서
이번에는 모든 책상을 하나로 이어봤어요. 단순히 책상을
몇 개 맞댄 게 아니라 합판으로 용접해서 완전히 하나로
붙였어요. 그랬더니 이렇게 깨끗해졌어요.

깨끗한 거 맞죠?
양규 지금 역대급이에요. 거의 모델하우스 수준이잖아.

**사무실이 바뀌어도 "우리는 언제나 과정 속에 있다"가
적힌 액자는 여전히 삐뚤게 걸려 있네요. 그런데 저건 어떤
의미예요?**
양규 저건 학성이가(직원) 쓴 사훈인데, 페이스북으로
투표해서 뽑은 거예요. 그냥 재미로 만든 거였는데 이사할
때마다 따라다니더라고요. 제가 챙긴 적은 없으니까
누군가는 챙겨서 걸은 거겠죠?

**재미로 만들었다지만 과정 속에 있다는 건 어쩌면
푸하하하프렌즈가 건축을 대하는 태도와도 연결되어
있는 건 아닐까 생각해 봤어요.**
한진 사실 그렇게 생각한 적은 한 번도 없긴 하지만,
동의합니다. 동의하나? 암튼 되게 막연하게 그 말이
우리를 잘 설명한다는 생각이 들어요. 음, 뭐랄까. 솔직히
잘 모르겠어요. 연결이 됐을까요?
양규 우리 셋과는 전혀 상관없는 글이에요. 사실 저는
'대도무문'이라고 썼고요. 승재는 '호랑이처럼 밝게',

한진이는 '웃는 얼굴로 세계를 제패하자'라고 썼어요.
그래서 처음에 저게 뽑혔을 땐 마음에 안 들었는데, 다시
생각해 보면 저 말이 푸하하하프렌즈 식구들에게는 중요한
의미가 되지 않았나 싶어요.

한진 과정 속에 있는지는 잘 모르겠지만 확실히 바뀐 건
있어요. 이전에는 누군가 우리에게 주목하면 재미있었는데
지금은 그런 거에 아무 관심이 없어요. 예전에는 돈도 막
벌고 규모를 키우는 것만 생각했는데, 지금은 무언가를
느끼면서 작업하는 쪽으로 바뀌었어요. 승재도 양규도
건축을 바라보는 태도가 깊어진 거 같고요. 진지해진 거죠.

푸하하하프렌즈를 처음 접하는 독자들을 위해 복기해
보자면, 셋은 10년 전 건축 사무소에서 처음 만나
푸하하하프렌즈를 만들었어요. 그게 시작이고 현재는
진지한 과정 속에 있다고 말해요. 그 여정을 멀리서 지켜본
사람으로서 문득 푸하하하프렌즈의 끝이 궁금해요.

한진 끝은 없습니다. 우리는 헤어지지 않을 거예요.

양규 우리 중에 누구 하나가 나가면 회사 폭파시킬 겁니다.

승재 그냥 학성이한테 회사 주자.

양규 그럴 순 없지. 그냥 해체해 버려.

기존 로고(좌)와 변경된 로고(우)

그러고 보니 로고도 바뀌었어요. 푸하하하프렌즈를
상징하는 새가 고양이한테 잡아먹히는 장면이에요. 어떤
과정을 형상화한 거예요?

승재 원래 푸하하하의 로고는 흔하디흔한 비둘기였어요.
그런데 '스튜디오 fnt' 이재민 실장님이 명함과 로고를
다시 만들자고 제안해서 고양이 얼굴을 제가 새로 그려서
합성했어요.

아무리 그래도 고양이에게 먹히는 비둘기라니요. 도대체
무슨 생각이었어요?

승재 비둘기는 발에 치이도록 많잖아요? 그래서
없애버리자 생각했는데 안 없어졌어요. 사실 고양이
입속에서 기절한 거예요.

《우리는 언제나 과정 속에 있다》 책도 재밌게 봤어요.

에피소드 중에 '인천 동화마을 주택' 프로젝트에서
모두가 철거하자고 포기한 주택을 양규 씨 혼자만 끝까지
되살릴 수 있다고 말했다고요. 원래 정이 많은 편이에요?

양규 그건 제가 말하긴 그렇고, 한진이가 대답해 줄
거예요.

한진 양규의 그런 면이 우리가 열받는 부분이에요.

승재 인류애는 아니고 시골 인심 같은 거예요. 따뜻하고
좋은 거 같지만 한편 섬뜩한 인심 알죠? 영화 〈이끼〉를
생각하면 될 거 같아요.

그런 성격이 작업에서도 드러나나요?

한진 양규는 클라이언트 상황에 완전히 이입해요. 자기
건축을 주장하기보다 뭐든 다 들어주려는 마음이 있는 거
같아요. 같은 의미로 양규는 모창도 잘해요.

양규 씨는 프로젝트를 하며 문제가 생기면
클라이언트에게 무릎을 꿇는다고요. 원래 그렇게 온몸으로
일하는 편인가요?

양규 완벽한 오해입니다.

승재 제가 당시 목격자 진술을 들었는데 당시에 소파가
많이 꺼져 있었대요. 앉은 자세가 낮은 상황에서 양규가
고개를 앞으로 숙였는데 딱 그 장면을 목격한 거죠. 당시
목격자는 한양규 실장이 무릎을 꿇었다고 확신하며 살며시
문을 닫아줬다고 해요.

그게 진실이든 아니든 세 분은 일을 성사하기 위해
무엇까지 할 수 있어요?

양규 저는 무엇이든 할 수 있어요. 승재나 한진이를
희생시키지는 않을 거고요. 저 혼자서 힘든 일이라면
온몸을 갈아서라도 할 거예요.

승재 저는 셋이 함께 쪽팔리는 일이라면 할 수 있어요.

둘의 대답이 전혀 다르네요?

양규 (승재 씨를 물끄러미 쳐다본다.)

승재 프로젝트를 수행하기 위해 〈라디오스타〉에 비키니를
입고 나가야 한다면 그것도 할 수 있어요. 셋이 망가지면
더 좋잖아요.

한진 저는 일만 된다면 건축사 자격증까지 포기할 수
있어요.

승재 나는 비키니 입는 거보다 건축사 자격 잃어버리는 게
더 싫은데?

한진 그럼 내가 이겼네?

양규 ….

승재 근데 질문이 뭐였지? 사실 위기에 처하면 뭐든
할 수 있겠죠.

제 생각에는 지금 이 인터뷰가 가장 위기 같아요.
양규 최근에 한 인터뷰 중에 가장 진정성 있게 하고
있어요. 진짜로요.

**그럼 진정성을 담아서 질문을 이어가 볼게요. 한진 씨는
책에서 "오늘의 기분이 건축이 될 수 없다"라고 적었어요.
한진 씨에게 건축은 곧 감정과 분리된 예술인가요?**
한진 네, 저는 철저히 분리해야 한다고 생각해요. 어제의
도면이 마음에 안 들면 납품 전날이라도 밤을 새워서
수정해요. 그게 저한테는 어제의 감정과 분리하려는
시도거든요. 그래서 작업을 할 때 몸보다 정신적으로
괴로워요.

한진 씨는 건축에 답이 있다고 생각해요?
한진 그건 아니에요. 법규 차원에서 다 죽은 프로젝트를
살아나게끔 하는 방법은 있을 수 있어도 건축 계획에
있어서는 답이 없다고 생각해요.

**답이 없는 것에서 길을 찾는 일, 셋은 예술가와
엔지니어 중 어디에 더 가까운 것 같아요?**
양규 다들 머뭇거리는 거 보니까 어려운 질문이에요.
한진 실제로 제가 고민하는 부분인데, 어떤 경우에는
예술가가 자신의 작품을 설명하는 것보다 과학자가 작품을
설명할 때 더 예술적으로 느껴질 때가 있거든요. 그래서
그 경계를 만든다는 게 어려운 거 같아요. 저는 엄밀히
따지면 둘 다 아닌 거 같은데, 한 번도 저 스스로
예술가라고 생각해 본 적 없고, 엔지니어로는 되게
부족하거든요.
승재 제 생각에 예술은 태도예요. 내가 어떤 태도로
임하느냐에 따라 예술이라는 말을 붙일 수 있으니까
실제로도 예술가라는 카테고리는 의미가 없어 보여요.
엔지니어, 예술가, 건축가 모두 작업자니까 그냥 저는
작업자에 가깝다고 대답할게요.

지금 세 분이 함께 하는 프로젝트도 있어요?
승재 셋이 아이디어를 같이 내서 비빔밥처럼 작업하는 건
없고요. 한 명이 밥을 다 지어놓으면 다른 한 명이 김밥
말고 또 나머지가 간장을 만드는 식이에요. 오래전에 '흙담
프로젝트'를 함께 작업해 본 적이 있는데, 이건 아니다
싶어서 방식을 바꿨어요.

**메인과 서포트가 분리되어 있다면 서로 완력을 사용하는
일은 없겠네요.**
양규 서로 다른데 같아지려고 노력했다면 오래 못 갔을

거예요.

한진 그렇지만 양규는 우리를 많이 때려요.

양규 힘은 승재가 제일 세요.

승재 어릴 때부터 장사였어요. 통뼈였거든요.

그래요. 한통뼈 씨 얘기를 해보자면, 예전에 직장
상사한테 "나이브하다Naive"는 얘기를 들었다고요.
작업적으로도 동의하는 부분이에요?

승재 초기에는 그랬어요. '사람들이 계단 같은 공간에
둘러앉으면 얼마나 좋을까? 계단 같은 카페가 있다면
얼마나 재미있을까?' 하고 시작한 것이 '옹느세자메
프로젝트'였거든요. 어떤 장난 같은 상상을 건축으로
만드는 걸 나이브하다고 얘기할 수도 있을 거 같아요.
그렇게 건축하는 게 재미있긴 해요.

장난처럼 시작했다지만 실제로 구현했잖아요. 상상이
현실이 된 이상 나이브한 게 아니지 않아요?

승재 그렇지만 모든 문제를 그렇게 접근하면 안 돼요.
광화문광장처럼 큰 프로젝트를 진행한다고 가정하면 이런
나이브함이 독이 될 수도 있어요.

승재 씨는 독창적인 건축 외에도 어떤 캐릭터를 캐치하는
능력이 뛰어난 것 같아요. 본인을 포함해서 세 건축가의
특징을 말해주세요.

승재 양규는 아까 말한 것처럼 '시골 인심'이고, 한진이는
'꽃나무'예요. 작업적으로 작고 가녀리고 소중한,
뾰족뾰족한, 그런데 제가 지금 뭔 얘기를 하는 건가요?
아무튼 저는 섬세한 건축가예요. 세상의 복잡한 문제를
단순화하지 않고 있는 그대로 복잡하게 생각해요.

한진 승재는 저에 대해 아무것도 몰라요.

양규 ….

각자 추구하는 방향과 작업 스타일은 어떻게 달라요?

양규 클라이언트의 이야기를 다 듣고 난 후에 그들에게
정말 필요한 것이 무엇일지 고민해요. 저는 건축의 큰 틀을
만드는 것이나 구조를 형성하는 데 재미를 느껴요. 그곳에
살아가며 바꿀 수 있도록 여지를 남겨놓는 거죠.

한진 저는 직관의 힘을 믿어요. 프로젝트를 하다가 불현듯
지나가는 생각을 딱 붙잡으려고 노력해요. 한 번 '띡띡',
잡히면 그다음부터는 그것을 지키기 위해 노력해요.
불순물이 생기면 걸러내고 무언가 추가되면 처음 의도에서
벗어났는지 체크하고, 끝까지 의심하는 스타일이에요.

승재 저도 한진이랑 비슷하게 직관에 의존하는 편이에요.
다만 직관의 소스가 동시대성에 있어요. 문화적
컨텍스트라고 하는 게 좋겠네요. 카페를 예로 들자면,

'사람들이 휴식하는 공간이니까 이렇게 만들어야 해.'라는
식으로 논리화하는 게 아니고, 이 시대의 카페 문화를
직관화하는 데 흥미를 느껴요.

동시대성에만 치우치는 건축이 시대가 지나도 가치를
가질 수 있을까, 문득 그런 생각이 들어요.

승재 영원성을 가진 디자인을 하는 사람도 있고 한 시대를
잘 드러내는 디자인을 하는 사람도 있는데, 저는 후자예요.
생각해 보면 그리스 신전도 당시에는 동시대성을 가진
건축이긴 했잖아요. 절대적인 미감, 완벽한 미래, 사람들이
감동하는 공간 같은 건 완전히 저의 관심 밖이에요.

제가 지켜본 승재 씨는 동시대성에 바탕을 두지만
한편으론 동시대성을 벗어나려고 하는 것 같았어요. 남들
다 하는 건 싫어하잖아요.

승재 바로 그게 제가 생각하는 동시대성이에요. 시대와의
마찰을 통해서 느껴지는 거죠. 그러니까 이 세상에 너무
부합해서 '원 오브 뎀One Of Them'이 되기보단 늘 마찰을
느껴가며 꼬여 있으려 해요. 그래야 통찰력이 생기니까요.

승재 씨한테 건축은 시대와의 투쟁 같아요.

승재 투쟁이 곧 저의 도구예요. 그건 한편으로 심정적인
툴이에요. 설계하면서 저를 갈아 넣어요.

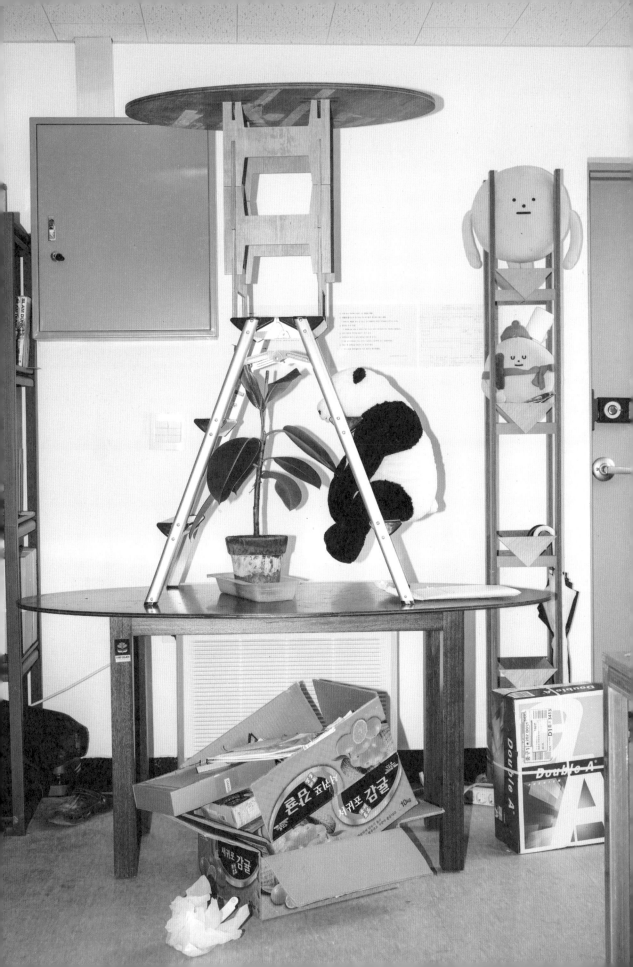

생각보다 똑똑한 애들 정도로 합시다

푸하하하프렌즈를 생각하면 떠오르는 몇 가지 단어가 있어요. 괴짜, 마이너, 유머러스, 바보인 척하는 천재. 동의하거나 동의하지 않는 키워드가 있나요?

한진 마이너는 아닌 거 같아요. 마이너를 지향하지 않는다. 저는 그런 거 되게 '극혐'해요. 아, 아니네요. 마이너 맞는 거 같은데요. '원 오브 뎀'이 되지 않고자 하는 의지가 마이너라면 맞는 거 같아요.

승재 '바보인 척하는 천재'는 둘 다 틀린 게, 바보인 척하지도 않지만 천재도 아니에요. 그래서 '생각보다 똑똑한 애들' 정도가 맞지 않을까요?

서교동 콘크리트 상가

디스이즈네버댓 성수

어라운드 사옥

푸하하하프렌즈 안의 개인 건축가로서 자신의 대표작을 소개해 주세요.

양규 저는 '디스이즈네버댓 성수'예요. 지금 시공 중이고 곧 완공돼요.

승재 저는 최근작이 대표작인데요. '서교동 콘크리트 상가'인데, 건물 하나가 뿌리부터 머리까지 도자기처럼 생겼어요. 되게 덩어리감이 있고 예뻐요.

한진 어라운드 사옥이요. 인터뷰 때문에 하는 립 서비스 아닙니다. 제가 얼마 전에 확실히 깨달았어요. 더 이상 이것보다 필연적인 건물을 만들 수 없겠구나. 필연적인 방식으로 설계를 했는데 나온 결과물은 마치 신이 점지해 준 듯한 우연이 있었어요.

아무래도 건축은 오랜 시간 작업을 하다 보니 애착도 클 거 같은데, 프로젝트가 끝나면 자신의 건물을 찾아가기도 해요?

승재 근처를 지날 때면 그쪽으로 살짝 걸어서 가기도 하는데 일부러 찾아가지는 않아요. 끝난 작업에는 그렇게 미련이 안 남아요.

완성된 내 건축, 내 작업물이 방치되는 경우를 보면 어때요?

양규 '후암동 근린생활시설'은 아직 임대가 안 나갔어요. 6개월 정도가 지났는데 사람이 없다 보니 겨울이면 동파가 되고, 설상가상으로 동네 고양이의 똥밭이 됐어요. 걔한테는 한 번씩 가보고 싶은 마음이 생겨요. 혹시 누가 들어왔나, 아픈 손가락처럼 늘 마음이 쓰여요.

좋은 건축은 뭐라고 생각하냐는 질문을 많이 받아봤을 테니까, 반대로 나쁜 건축은 뭐라고 생각해요?

승재 사용자에게 불편한 건축이 안 좋은 건축이죠. 춥고 위험하고.

건축을 바라보는 관람객의 시선에서는요?

한승재 이름은 생각 안 나는데 청계천 세운상가 옆에 오피스텔 지은 거 있잖아요. 다 부숴버리고 싶어요. 그것 때문에 청계천이 그늘로 가득해요. 햇빛이 안 들어와요. 해로운 건물이라고 생각해요.

한진 승재야, '힐스테이트 세운 센트럴 2단지'다.

승재 맞아요. 실명을 정확하게 적어주세요.

좋은 건축과 나쁜 건축의 판단이 확실하다면 프로젝트를

선택하는 기준도 명확할 것 같아요. 어때요?

승재 아주 중요해요. 프로젝트가 긴 시간 투자하는 거라서 프로젝트를 잘못 받으면 제 인생이 달라지거든요. 그래서 사람 사귀는 것처럼 마음이 맞는 프로젝트를 선택해요.

한진 전반적으로 경기가 안 좋아서 요즘 의뢰가 특히 많이 없어요. 그래서 저희가 하고 싶은 프로젝트, 공모전에 열심히 지원하고 있어요.

양규 보통 나라 누나가(직원) 하라 그러면 해요.

문득 건축가의 연봉이 궁금해졌어요. 프로젝트를 하나 맡으면 얼마를 벌어요?

승재 우리는 월급으로 받아서 얼마를 수주하든 받는 돈은 똑같아요.

한진 설계업 자체 연봉은 높지 않지만, 특히 적게 받는다는 생각은 하지 않아요. 진급을 할수록 상승 폭이 큽니다. 관심 있으세요?

예전에 할 거 없으면 푸하하하프렌즈에 꽂아준다고 했잖아요. 아직도 유효한가요?

한진 에이… 이제는 진짜 늦었다.

아쉽네요. 혹시 일상에서 눈여겨보거나 영감을 받는 인물이 있어요?

한진 요즘에는 정치인들의 토론을 보면서 나는 정말 멀었구나, 생각해요. 저 사람들이 무얼 위해서 저렇게까지 하는지 궁금하거든요. 멘탈 관리가 대단하다고 느껴요.

승재 저는 프레디 머큐리요. 프레디 머큐리는 영혼을 쏟아부어서 노래하는 게 느껴져서 진짜 멋있어요. 그런 태도로 나온 작업이나 작품은 고행처럼 느껴져서 되게 리스펙트해요.

양규 씨가 이런 말을 했죠. "영감을 받으려고 하지 말고 영감을 줄 생각을 좀 해라." 다소 격양된 글이었는데, 세 분은 사람들에게 어떤 영감을 주고 싶어요?

승재 이런 질문이 돌아올 줄 몰랐지?

양규 어… 몰랐지. 음, 아기는 태어날 때 새롭잖아요. 그런데 인간이 만들어내는 건축은 새롭지 않거든요. 저는 새로운 걸 만들어서 영감을 주고 싶어요. 새로 태어난 것은 새로워야 한다. 그런 영감을 주고 싶어요.

한진 그러니까 양규가 주고 싶은 영감은 지금까지 존재하지 않았던 것을 주고 싶다는 의미 같은데. 무슨 말일까? 사실 저도 잘 모르겠어요.

네, 정리를 해야 할 텐데 큰일이네요. 마지막 질문이에요. 2015년 인터뷰에서 제가 푸하하하프렌즈를

"요즘 가장 재미있게 일한다는 건축가들"이라고 말했어요. 요즘 개인적으로 가장 재미있었던 일은 무엇인가요?

승재 오늘 인터뷰가 제일 재밌었어요. 건태 씨를 다시 만난 것?

그런 걸 쓸 순 없어요.

승재 아, 그럼 저희 책《우리는 언제나 과정 속에 있다》를 낸 게 재미있었어요. 해도 그만, 안 해도 그만이라고 생각했는데, 내고 나니까 의미가 있더라고요.

한진 저한테 특히 어려운 질문이에요. 저는 사실 즐겁지 않습니다. 가장 즐거웠던 게 언제지, 생각하면 아무것도 떠오르지 않아요.

양규 너 어제 시무식 하면서 최고의 시무식이라고 그랬잖아.

한진 사실 어제 송어 낚시가 재밌었어요. 못 잡았지만 재밌었어요.

양규 저는 앞으로 10년 후의 푸하하하가 기대가 됩니다.

알겠습니다. 예상외로 재미가 덜하네요. 오늘 토크의 점수를 매겨주세요.

양규 (소리 내어 웃는다.) 100점 만점에 한진이가 1점, 승재 0점, 저는 9점. 오늘 재미가 없었으니까 다 합쳐서 10점이에요.

오늘 많이 피곤하셨던 거 같아요.

양규 반가운 친구 만나서 참 좋다고만 생각했는데 질문을 자꾸 하니까.

승재 오랜만에 만나서 왜 이렇게 일 얘기만 해요?

다음에 또 기회가 있겠죠.

승재 좋아요. 다음에 놀러 오면 그땐 같이 놀아요.

나의 이상적인 작업실

관계, 돈, 환경에 구애하지 않고 온전히 자신만을 위한 작업실을 갖게 된다면
그곳은 어떤 모습인가요? 자기만의 이상적인 작업실을 그려주세요.

1.

2.

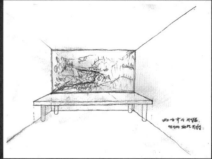

3.

1. 윤한진의 '지하상가 작업실'

개판으로 사용해도 아무도 뭐라
안 할 거 같은 장소를 생각했을 때
지하상가가 떠올랐어요. 거기에
심미성을 더해서 직선이 없는 공간을
그렸어요. 선이 조금 지저분한데,
제가 지금 미용실에 가야 해서 마음이
좀 급해졌으니 이해해 주세요.

2. 한승재의 '첫 번째 계단'

제 안의 가장 근원적인 계단을
그렸어요. 제 안의 '건물, 미술, 글'을
통해 물질을 만들어 사람들한테 영향을
끼쳐야 하거든요. 그런데 계단은
실제적인 무게감도 있고, 밟으면서
이동도 할 수 있어요. 그래서 딱 하나의
작업 현장을 만들어야 한다면 계단을
정성스럽게 만들 거예요.

3. 한양규의 '책상만 있으면 작업실'

저는 책상만 있으면 작업실이어서요.
큰 창문을 만들고 밖에 나무랑 산을
그려봤어요. 창을 열게 되면 프레임을
둬야 해서 그리지 않았어요. 열지
못하는 창이니까 환기는 따로 하도록
하겠습니다.

알싸한 추위에 가지들은 이미 빈손이다. 그런데 자세히 보니 자그마한
눈이 달려 있다. 분재 스튜디오 오이타의 최문정은 가지 끝에서 솟아오른
꽃눈을 보며, 잎이 떨어진 식물도 이렇게 힘을 내기에 아름답다고 말한다.
계동 골목길 한편 한옥집에서 식물의 자리를 만든 그는 자연스럽기 때문에
생동감이 흐르는 식물을 보듬으며 지낸다. 어느 누가 겨울의 식물이
초라하다고 했는가. 오이타의 정원에 머무는 존재들은 힘껏 가지를
굽히고 뿌리를 내리며 여기저기 목소리를 낸다. 아주 기운차고 생생하게.

스민 존재의 자리

최문정—오이타

에디터 이명주
포토그래퍼 김혜정

초대해 주셔서 감사해요. 계동 골목길의 한옥에서 식물들을 만날 거라곤 생각도 못 했어요. 새해는 잘 맞이하셨어요?

연말부터 독감에 걸려서 휴일 내내 요양하면서 보냈어요. 전시를 준비하느라 바빴는데 긴장이 풀린 모양이에요. 그래도 오랜만에 가족들도 만나고, 식물 정리하고 분갈이도 하면서 지냈어요. 겨울은 오이타를 재정비하는 시간이거든요. 이제 곧 엄청난 한파가 올 테니까요. 여기 귤 좀 드세요. 분재 수업 수강생이 제주도에서 보내주셨어요.

(귤 하나를 까먹는다.) 너무 맛있어요! 그러고 보니 식물은 대부분 겨울에 취약하겠어요.

지금은 식물에게 쉬어가는 때가 아니라 준비하는 때인데요. 추위는 느끼게 하되 이 공간과 식물이 얼지 않도록 사람이 조금 애를 써야 해요.

마냥 따뜻하게 해주는 게 아니라 추위를 느끼긴 해야 하네요.

그럼요. 지금이 겨울인 줄 알아야 봄에 다시 힘차게 싹을 틔울 테니까요. 분재는 사계절을 느껴야 하는데 갈수록 계절이 흐릿해지거나 날씨의 오르내림이 심해 고민이 커요. 분재를 가르쳐주시는 강경자 선생님에게 고민을 털어놓았는데, 괜찮을 거래요. 모든 식물은 살아 있고 또 적응하는 존재니까.

소개가 늦었는데, 먼저 간단히 인사해 주실래요?

그럴까요? 저는 분재 스튜디오 '오이타oita'를 꾸려나가는 최문정이라고 합니다. 이름의 의미를 궁금해하는 분들이 많은데요. 돌아가신 아버지의 성함에서 예뻐하는 글자들을 골라 조합해서 지었어요. 저는 무언가를 위해 희생하는 마음이 세상에서 가장 사랑스럽다고 생각해서요. 식물 가꾸는 걸 좋아하던 아빠를 기리고 싶었고, 지갑에 사진을 넣거나 입던 옷을 바라보는 것 말고 매일 가까이서 아빠를 마음으로 느끼고 싶었어요.

아름다운 이름이네요. 오이타를 열기 전에도 플랜트 숍을 운영했다고 들었어요.

동업으로 논현동에서 '반짝반짝'한 숍을 차렸어요. 인테리어는 대리석에 화이트였고, 토분도 반짝이는 소재를 썼죠. 식물도 잘 죽지 않는 선인장류였고요. 좋아하는 식물군도, 공간의 분위기도 아니다 보니 손님에게 진심으로 추천하기가 어려웠어요. '나는 논현동 사람도 아니고, 논현동에서 이런 식물을 살 법한 사람도 아닌데 왜?'라면서 괴리감이 컸죠. 사람이 계속 무뎌지잖아요.

초반에는 손님이 오면 벌떡 일어나서 안내했는데 어느 순간부터 테이블에 앉아서 인사하게 되더라고요. 그런 저 자신이 싫어서 그곳을 나오기로 했죠. 수중에는 적은 돈뿐이었지만 나의 공간을 찾기로 마음먹었어요.

그렇게 도착한 곳은 어디였나요?

종로 내자동이었어요. 건물 2층에 있는 큰 옷 수선집에 가벽을 놓고 쓰는 아주 작은 작업실이었죠. 바로 옆에는 미싱 돌리는 분들 계시고, 오른쪽 방에선 시낭송협회 할머니들과 할아버지들이 맨날 마이크 들고 트로트 부르셨어요. 시는 가끔이고요(웃음). 방음도 안 되고 개인 화장실도 없었어요.

아이고…. 일하기 쉽지 않았겠어요.

그런데 정감 가고 좋더라고요. 사실 저는 어르신들과 시간 보내는 게 훨씬 편해요. 왜 그런 거 있잖아요, 어른의 관용 같은 것. 아직 어리니까 뭘 해도 괜찮다고, 잘했다고 해주는 마음들이요. 그 안에 있으니 언제나 어린아이여도 괜찮다는 안심이 들었죠. 한편으로는 어느 누가 내가 여기 있다는 걸 알까 싶기도 했어요. 살아남기 위해서는 사람들이 여기까지 찾아오게 만드는 힘을 작업에서 갖춰야겠다고 다짐했죠. 사람들과 복작복작 모여서 무얼 해도 인정받고, 작고 허름하지만 감당 가능한 월세를 내면서 행복하게 일하던 때예요.

가장 마음에 남는 공간인가 봐요.

그곳이야말로 바로 저의 첫 작업실이죠.

그럼 계동에는 어떻게 닿게 된 거예요?

지금의 오이타로 온 건 식물에게 좋은 거주 환경을 고려하다 보니 자연스러운 결정이었어요. 빛이 충분히 들고, 겨울 이외에는 마당에서 키울 수 있고요. 마당은 빛과 물과 바람, 온습도까지 자연 그대로라 야생이 고향인 식물에게는 최적의 환경이거든요. 그리고 계동에는 오래된 분식집과 문구점, 미용실이나 동네를 지킨 어르신들이 많아서 좋았어요. 상업적으로 개발된 곳에 가면 스스로 좀 작아지는 기분이라 좋아하지 않거든요. 아무도 나를 신경 쓰지 않아도요.

공감해요. 유독 마음이 가고 익숙한 동네가 있잖아요. 어디 있느냐에 따라 내 태도도 달라지고요. 한옥에서 머무는 건 어때요?

한옥살이 몇 년 해보니까 겨울마다 수도가 언다는 걸 알게 됐어요. 얼마 전에는 주차하고 걸어오는데 어디선가 샤워하는 소리가 들리는 거예요. 누가 샤워하나 보다, 하고

생각했는데 근원지가 여기더라고요. 문을 열었더니 수도가
터져 분수처럼 솟구치고 있었어요. 그걸 보자마자 마트로
달려가서 사장님께 수도 터졌다고, 수리 기사님 번호 좀
알려달라고 소리쳤죠. 저는 동네 터줏대감이 마트라고
생각하거든요. 주민들이 자주 찾는 곳이니 만능처럼 다
알고 계실 것 같았고요. 그때도 사장님이 같이 달려오셔서
도와주셨어요. 한옥 생활이 쉽지 않지만 주변 어른들의
노하우와 지식을 빌려 문제들을 해결하고 있어요.

**분재는 단순히 식물을 키우는 것과는 조금 다른 일이죠.
설명을 듣고 싶어요.**
쉽게 말하면, 낮은 화분에 식물을 키우는 걸 분재라고
하는데요. 정확하게는 낮은 화분에 뿌리를 적응시키는
거예요. 긴 뿌리나 큰 식물을 만드는 게 아니라 키가

화분에 넉넉하게 담기도 하죠. 기쁜 날도 마찬가지고요.
모두 저를 담았지만 분재의 형태도 부피도 달라요.

**긍정적인 기분만이 아니라 모든 마음을 화분에 담는
이유가 있어요?**
결국엔 저도 행복하기 위해 하는 일이니까요. 속인다면
아마 식물도 다 느낄 거예요.

**시간을 거듭하다 보면 작업의 이상형이 달라질 수도 있을
텐데요.**
어릴 때는 수형이 독특한 식물을 찾아 헤맸어요.
철사를 걸고 기술을 부려 세상에 하나뿐인 모양으로
만들고 싶었죠. 어느 순간, 그런 식물이 부담스럽게
느껴지더라고요. 솔직히 욕심은 나지만 기교를 부린 듯

작더라도 굵은 가지와 촘촘한 뿌리를 만드는 거죠. 그렇기
때문에 많은 뿌리를 화분에 욱여넣는 게 아니라, 조금씩
다듬으면서 시원하게 호흡할 수 있도록 정리하고 적응을
도와줘야 해요. 이후에는 원하는 수형에 따라 가지를
매만지고요.

**같은 식물이라도 누가 어떤 태도로 매만지느냐에 따라
다른 모습을 띠겠네요. 문정 씨는 어떤 마음을 담아
작업해요?**
한마음으로 작업을 반복하기보단 그때그때 다른 마음으로
해요. 나라는 사람은 오늘 다르고 내일 다른데다가,
하루에도 수십 번 기분이 바뀌니까요. 대신 순간의 마음을
그대로 옮기려고 노력해요. 복잡한 생각이 드는 날에는
단정한 자태로 가다듬고, 나에 대해 고민한 날엔 식물을

과한 모습이 자연스럽지가 않고요. 만든 이부터 특별한
수형의 식물을 부담스러워하는데 자신의 공간에서
키우려는 분들은 얼마나 큰 무게를 짊어지겠어요. 그래서
자연스러운 식물을 건강하게 생육해서 소개하는 일이
가치 있다고 깨닫고 이상형을 틀었죠. 분재라는 일을 하는
시간이 쌓여가면서 겪는 가치관의 변화 같아요. 저도 그런
편안한 식물처럼 계속 나이 들고 싶은데, 내일은 또 어떨지
몰라요(웃음).

**오이타를 꾸준히 지켜봐야겠네요. 일상 속 한 장면이
영감이 된 적도 있어요?**
가끔씩 반짝 튀어 올라요. 작업실에 앉아 유리창 너머
하늘을 보는데, 에메랄드빛 화분과 길게 자란 이파리가
시야에 살짝 들어와요. 그 순간이 만드는 조합이

아름다워서, 햇빛이 충만한 하늘처럼 지글지글한 느낌의 화분을 만드는 거죠. 반짝이는 생각은 일주일에 한 번, 한 달에 한 번 무심코 튀어나오니까 그럴 때마다 놓치지 않고 표현하려고 해요. 아마 일상의 여운을 길게 받는 편이라 그런가 봐요. 오늘 하루 들은 말, 발견한 장면과 사람에게서 쉽게 감동을 받거든요. 어릴 때는 미련이 많은 건 줄 알았는데 지금은 작업의 도구가 되네요.

그럼 주변의 평가에 대해서는 어때요? 분재는 뿌리와 가지 등의 '멋'이 중요한데, 사실 멋이라는 기준은 주관적이잖아요.
음, 좋게 말하면 감동을 쉽게 받는 거지만 나쁘게 말하면 주변 상황에 많이 흔들린다는 뜻도 될 것 같아요. 그래서 오랫동안 평정심과 안정감을 유지하기 위해 노력했어요.

매일을 내 뜻대로 살아가고 싶어서 단 하루도 허투루 쓰고 싶지 않았어요. 복잡한 생각 하지 않고 한길로 쭉 걷고 싶었죠. 분재 이외의 일을 하고 싶은 적은 없지만 지금 보면 어리석은 생각 같네요(웃음). 그때는 식물을 다루는 게 낯설더라도 잘 해내고 싶어서 무거운 걸 들고 어려운 일도 맡으면서 무리했어요. 몸이 많이 상하기도 했지만 그 시절의 치열한 경험이 지금의 저를 만드는 데 도움을 줬다고 생각해요.

생계유지를 위한 일의 지속성도 중요하게 생각하세요? 이를 테면 상업적인 프로젝트를 진행하는 것처럼요.
아니라고 말할 수가 없어요. 처음에는 제가 해나가는 일이 곧 오이타가 되니까, 어떤 일을 하고 또 하지 말아야 할지 판단하는 게 어려웠어요. 슬프게도 자유도가 높으면

자연히 스스로를 지킬 수 있는 노하우가 쌓여서 저만의 심지도 두꺼워졌죠. 저는 분재라는 분야에서 이리저리 샛길로도 걸어보고 싶어요. 나만의 경치를 상상하며 나아가려면 누구도 아닌 나의 심지가 중요한 것 같아요.

식물 다루는 일을 시작하게 된 것도 '나만의 것'을 찾기 위한 걸음의 결과죠?
원체 원초적인 일을 좋아했어요. 어릴 때도 뛰어나가서 놀다 넘어져서 울고, 그네를 세게 타면서 바람을 느끼는 걸 좋아했죠. 머리를 쓰는 것보다 지금 내가 느낀 무언가를 표현하고 드러내는 일이 쉬웠나 봐요. 손으로 할 수 있는 일 중 나의 흥미를 끌고 평생 해나갈 일이 뭘까 오래 궁리하고 찾아 헤맸어요. 한 가지 일을 평생 하려고 했던 이유는… 시간이 아까웠기 때문이에요. 스무 살부터는

수입이 적고, 제한이 많으면 수입이 컸으니까요. 그때 누가 이런 조언을 해줬는데, 자기 자신을 서랍장이라고 생각하래요. 어떤 일이 들어왔을 땐 한 서랍만 열어 나를 보여주고, 다른 일을 하고 싶으면 반대쪽 서랍을 열어주라고요. 어느 쪽을 열더라도 내가 서랍장인 건 변하지 않잖아요. 좋아하는 일을 하기 위해선 개인 작업 이외에 외주를 해야 하는 게 당연하고, 한계를 깨는 느낌이라 이제는 즐기기도 해요. 오이타에 상업적인 가치를 부여해 주는 분들에게도 감사하고요. 좋아하는 일만 한다면 발전이 없지 않을까요?

문정 씨와 분재를 말할 때 강경자 선생님의 이야기도 빼놓을 수 없어요. 오랜 사제지간이자 함께 전시를 열고 책도 펴내셨잖아요. 인연의 시작은 어땠나요?

원예와 가드닝에만 익숙했을 때라 분재는 한창 제멋대로 하던 때였어요. 어떤 환경에서 어떤 방법으로 해야 할지 배경지식이 없다 보니 죽는 걸 보면서 너무 안타깝더라고요. 그래서 이 분야에 오래 계신 어르신들을 찾아다녔어요.

아니, 수도가 터졌을 때랑 똑같네요!
그러게요(웃음). 인연을 잇고 이어 강경자 선생님을 만나게 되었는데, 그간 만난 어르신들 중 가장 어려웠어요. 선생님이 절 엄하게 대하신 게 아니라, 제가 분재를 생각하는 마음 그대로 선생님을 바라보니까 편하게 대할 수가 없었죠. 오랫동안 수업을 들으면서도 항상 깍듯하게 인사드리고 손 한 번 잡은 적이 없는데, 얼마 전 선생님께서 함께한 인터뷰에서 이런 말씀을 하시더라고요.

생각하는 행동을 하는 것뿐이죠. 모든 문제를 다 어떻게 해결하겠어요? 세상 사람의 맘을 전부 이해하기 어려운 것처럼 식물도 계속 알아가고 맞춰가야죠.

어려움은 언제나 어디에나 있는 것 같아요(웃음).
해결하면 또 다른 어려움이 찾아오고요(웃음). 문제가 주어지고 대처하면서 그 과정이 저를 수련한다고 생각하려고요.

선생님께서 조언도 많이 해주셨을 텐데, 떠오르는 게 있다면 들려주실래요?
"많이 흔들리면서 자란 나무가 뿌리도 깊고 부러지지 않는다. 그러니까 충분히 흔들려도 된다."

이제는 나를 선생님이 아닌 동료로 생각하고 편하게 대해줬으면 좋겠다고요. 그러곤 꼭 안아주셨는데 그 고백에… 마음이 두근거리고 감회가 새로운 거 있죠. 이제는 고민을 털어놓기도 하는 감사한 사이예요.

문정 씨는 식물을 오랫동안 곁에 두었는데 아직도 궁금하거나 헤맬 때가 있어요?
선생님은 60년 정도 식물을 다루셨는데도 모르겠다고 말씀하시는걸요. 저도 똑같아요. 작년에는 건강했던 식물이 시름시름 앓으면 의사처럼 청진기를 갖다 대고 싶은 마음이에요. 무엇이 문제인지 몰라 답답한 계절들이 많죠. 식물을 다루는 것뿐 아니라 일을 하는 방식부터 연구가 필요하다는 막막함도 느끼고 있고요. 사실 해답은 분명해요. 다가오는 문제에 그때마다 최선이라고

문정 씨 마음이 흔들릴 때 해주신 말씀인가 봐요.
네. 분재는 화분 안에 심는 것으로 끝나는 게 아니에요. 중요한 핵심은 세월이죠. 세월이 흘러야 가치가 있는 분재가 되는데 저보다도 오래 산 분재가 많거든요. 그렇다 보니 젊은 사람이 문제를 다루는 것에는 한계가 생기고 외부와의 잡음도 많았어요. 어리다는 이유로, 분재라는 업이 연륜이 필요하다는 이유로 벽을 느끼곤 했죠. 그때마다 선생님께서 중심을 잡아주려고 하셨고, 저는 선생님의 시간을 업고 나아간다는 생각을 해요. 내가 아직 어려도 내 뒤엔 선생님이 계신다는 마음으로요.

연륜을 갈망하지만 한편으로 얄밉기도 해요. 노력한다고 해서 단숨에 얻을 수 있는 게 아니잖아요. 물리적인 시간과 단단한 내실이 필요하니까요.

Volume.93
이 책을 읽는 동안, 당신 주변의 시간은 조금 느리게 흐릅니다.

맞아요. 이 일을 할수록 빗물, 바람, 햇빛도 중요하지만 가장 중요한 건 시간이라는 생각이 들어요. 시간이 식물에게는 생명과도 같은 건데, 그걸 많이 쌓아서 오이타에 온 분들에게 아낌없이 나눠주고 싶어요. 이 친구는 처음에는 어떤 모습이었고 몇 년 전에는 이런 일이 있었고…. 식물이 보여주는 경우의 수를 다 알고 있는 연륜이 가득한 사람이 되는 게 지금의 목표예요.

식물 가꾸는 일이 참 평화로워 보이지만, 마냥 낭만적인 일은 아닐 듯해요. 기다림의 연속 같기도 하고. 어때요?
"편안하게 걷는 오이타"라는 슬로건을 써서 소개하곤 하는데요. 편안함과 안정감을 늘 추구하지만, 그걸 누리기 위해서는 그렇지 않은 시간이 더 길어야 돼요. 하루 중 이곳에 가만히 앉아 있는 시간보다 운전하는 시간이 훨씬 길고, 무거운 것도 번쩍번쩍 들어야 하죠. 환경을 끊임없이 관리해 주면서, 전국 곳곳에서 나와 시선이 맞는 식물들을 찾으러 다니고요. 여름에는 덥게, 겨울에는 춥게 생활해야 해요. 불편한 만큼 거기에서 얻는 평안이 크게 와닿는 일이에요.

일과 일 이외의 생활은 균형이 잘 맞춰져 있어요? 왠지 바쁘실 것 같아요.
늘 식물을 돌보는 삶에 익숙해져 있어요. 매일 일에 전념하다 보니까 자연스레 일상이 분재고 분재가 삶이고…. 오히려 쉴 때 마음이 불편하기도 해요. 좋은 음악 틀어놓고 혼자 물 주고 청소하는 게 저에게 에너지를 주다 보니 휴가가 따로 필요 없어요. 그 순간이 마음을 보살펴 주니까요. 일과 여가를 나누지 않아도 불편하지 않기 때문에 경계가 흐린 삶을 살아도 괜찮아요.

식물은 말이 없잖아요. 작업실에서의 시간이 외롭진 않아요?
소리 없는 아우성이라고 하잖아요. 딱 그 모양이에요. 고요하게 하나씩 들여다보면 마음에 한 자리씩 다 채워져서 되게 시끄러워요. 전혀 심심하지 않아요.

식물을 어떤 태도로 바라보고 있는지 느껴져요. 동등한 시선으로 대하네요.
제가 위에서 이 친구들을 내려다볼 이유가 없거든요. 낮은 시선에서 봐야지만 얻을 수 있는 게 더 많고요. 얼마 전에 가족들을 만났는데, 할머니 손이 너무 차가운 거예요. "할머니, 춥지?" 하면서 만지는 차가운 손. 그런 감각과 기분을 식물을 대할 때에도 느껴요. 작업실에 하루건너 나오면 이파리 색깔이 달라져 있는데 춥겠다 하면서 손으로 만져보면 엄청 차갑거든요. 마음이 쓰이고요.

그래서 식물이 저에겐 가족 같기도 하고 동료 같기도 하고, 어떤 때는 나를 묵묵히 기다려주고 배움을 주는 부모 같기도 하고요. 삼촌, 고모, 친구, 동생 같기도 해요(웃음).

(웃음) 이 일을 오래 하고 싶다고 했으니 한 30년 후를 상상해 볼까요?
음…. 그 정도 시간이 지났다면 지금의 저랑 비슷한 친구들을 만났겠어요. 나이테가 주는 신비로움을 갖고 있는 사람이었으면 좋겠네요. 내 손을 거쳐 간 수많은 식물과 경험과 배움이 나이테에 차곡차곡 기록되어 있길 바라요. 그걸 다양한 세대와 나누고 싶어요. 지금의 대화보다 더 풍부한 이야기도 할 수 있을 거예요.

그때도 아직 계동에 있으려나요?
그건 또 모르겠네요(웃음). 다만 지금보다는 좀 단출해지고 싶어요. 수많은 식물을 가꾸기보단 나와 오랫동안 연을 쌓은 식물을 껴안고 싶거든요.

손과 뿌리, 시간이 키워낸 것

1.

2.

3.

1. 운용동백과 솔잎란
편안하게 걷는다는 오이타의
슬로건처럼 찬찬한 호흡으로 걸어
자라는 듯한 느낌을 전하고자
가꾸었습니다. 지난 세월이 상상되는
화분부터 굽은 줄기를 따라 잎과
꽃봉오리까지 시선을 따라가다 보면
어느새 마음이 가뿐해져요.

2. 구지뽕나무
거친 환경에 적응하며 살아낸 듯,
생명력이 느껴지는 수형이 특징입니다.
나무가 가진 사연을 읽어보고 싶은
적이 있나요? 가지에는 자연의 변화와
적응 그리고 안정을 모두 상상해 볼 수
있는 멋이 있어요. 다가올 봄에 피어날
구지뽕나무의 잎은 무척 보드랍답니다.

3. 석화회
옛 선조들은 이 수형처럼 나무가
전하는 여백을 보고 한적함을 느꼈다고
하지요. 보통 나무와 달리 석화회의
잎은 꼬들꼬들한 촉감, 동글동글한
모양새가 특별한 감흥을 전합니다.
늘 푸른 상록 식물이라, 잎의 작은
변화에도 심장이 철렁 내려앉는 세심한
분들께 흔쾌히 추천해요.

파리 1구, 팔레 루아얄Palais Royal과 레알Les Halles을 연결하는 19세기에 지어진 아름다운
파사주 베로도다Véro-Dodat를 걷다가 갤러리 뒤 파사주Galerie du Passage 앞에서 걸음을 멈추게
됐다. 꽃잎이 뒤덮인 소녀, 눈물을 흘리는 꽃, 담배와 과자를 달고 누워 있는 뾰로통한 표정의
강아지가 창 너머로 시선을 유혹했기 때문이다. 수줍게 '딩동' 소리를 내는 작은 벨을 누르고
조금 기다렸다가 갤러리 내부로 입장하면, 팝아트 특유의 악센트 속에 마음을 녹이는 따뜻함을
가진 클레망틴 드샤바넥스Clémentine de Chabaneix의 유니버스와 마주하게 된다. 귀엽고
유머러스한 시각적 즐거움을 넘어, 최면에 빠져들 듯 잠시나마 현실을 도피하려는 내가
그 안에 함께 존재한다. 깊은 생각과 상상 속에 들어가도록 작가가 쳐 놓은 덫에 걸린 것이다.

꿈과 존재의 균열이 탄생하는 곳

클레망틴 드샤바넥스—세라믹 아티스트

에디터 양윤정
포토그래퍼 Jean Lim

주말인데 인터뷰와 촬영을 허락해 주어서 고마워요. 입구에 붙은 종이의 손 글씨에서부터 예술가의 감성이 느껴졌어요. 원래는 카페였던 건물을 매입해 작업실로 사용한다는 점도 흥미롭고요.

맞아요. 1930년대에 지어진 카페였어요. 장사가 잘 안됐는지 세입자가 장부를 들고 도망갔다고 하더라고요. 그래서 한동안 가게가 비어 있었는데 매물로 나온 걸 알게 된 순간 바로 구매 의사를 전했어요. 집이 여기서 5분 거리라 접근성도 좋았고, 레스토랑과 조리 공간 두 곳으로 나뉘고 입구까지 따로 구분되어 있어 아티스트 두 명이 공유하기에 너무 좋은 구조였거든요. 마침 음악가 친구와 함께 쓸 작업실을 찾던 중이라 더없이 안성맞춤이었죠. 제가 쓰는 곳은 레스토랑 공간이에요.

30년대의 카페라고 하니 내부가 근사했을 것 같아요. 당시 흔적이 남아 있는 부분이 있나요?

벽의 나무 패널과 거울 정도가 전부예요. 실내 장식에 신경쓴 카페가 아니었어요. 바닥도 동일한 패턴이 아닌데 그게 좀 재미있어 보이기도 했고요. 물론 제 취향은 아니지만요.

시대 때문에 아르데코 스타일이 아니었을까 상상했어요.

전혀요. 여길 처음 왔을 때 내부 장식은 끔찍한 수준이었어요. 어떤 스타일로도 설명하기 어려운 길에서 아무거나 주워 와서 채운 듯한 느낌이라, 다 없애는 게 최선이었어요. 가구와 카운터를 전부 제거하고 난 게 지금 이 모습이에요. 물론 장점도 있었어요. 과거 파리 카페 건물들이 그랬듯 지하에 와인 보관용 창고가 있다는 점이요. 물론 저는 와인이 아닌 작업에 필요한 물건들을 보관하고 있죠.

파리 외곽의 젊은 도시 몽트뢰유Montreuil에 집과 작업실을 두고 생활하는 것은 어떤가요?

몽트뢰유를 정말 좋아해요. 60-70년대에 많은 공장들이 문을 닫으면서 아티스트가 몰려들기 시작한, 그래서 지금은 예술가들의 작업실이 밀집된 곳이죠. 이 지역이 한창 인기가 좋았던 25년 전부터 살고 있는데, 다행히 막차를 탔다고 생각해요. 지금은 몽트뢰유에 살고 싶어 하는 사람들이 폭발적으로 늘어나면서 가격이 너무 올랐어요. 25년을 거주하다 보니 주변 예술가와 장인, 협회 등과 활발한 교류를 하고 있고, 1년에 두 번 정도 작업실에 초대해 행사를 벌이기도 해요. 이렇게 다양한 분야에서 활동하는 예술가들이 자주 모여 기술을 공유하고 영감을 주고받는 기회가 많은 곳이라 정말 좋아요.

작업실에 도착하면 가장 먼저 무슨 일을 하나요?

도착하자마자 음악을 틀고, 점토를 준비해요. 점토를 힘껏 내리치는 과정을 거치면 몸이 풀리고 체온도 오르죠. 그리고 테이블 여러 개를 돌아가면서 작업해요. 작업물의 사이즈와 흙이 마르는 상태에 맞춰 순서대로 진행해야 하기 때문에 노련하게 전체 상황을 잘 파악하고 있어야 해요. 사이즈가 큰 작업물은 아랫부분이 마르지 않은 상태에서는 너무 높게 위로 올릴 수가 없거든요. 어느 정도 흙이 마른 뒤에야 상단 부분 작업이 가능하기 때문에 마르는 동안 다른 테이블로 옮겨 다른 작품을 진행해요. 계절마다 차이가 커서 그때그때 상황에 맞게 대처하고요. 예를 들어 습한 겨울에는 마르는 데 시간이 많이 걸리지만, 건조한 여름에는 너무 빨리 마르기 때문에 시간을 늦추고자 비닐로 작품을 꽁꽁 감싼 뒤 퇴근해야 해요.

세라믹 작업의 여러 단계 중 특별히 좋아하는 순간이 있을 것 같아요.

싫어하는 순간을 말해도 되나요(웃음)? 에나멜을 입히는 순간이 가장 까다롭고 결과물을 예측하기 어려워요. 독학으로 기술을 익혔기 때문에 전문가처럼 최신 기계들을 사용하는 데 미숙한 면이 있어요. 에나멜 작업도 기계로 하면 간단하다고들 하는데, 전 작은 수영장 안에 작품을 놓고 에나멜을 도포하거든요. 제 몸에 범벅이 되기도 해요. 친구들이 왜 기계를 안 사고 이런 원시적인 방법을 쓰냐고 타박해서 조만간 구입하려고요. 그리고 가장 좋아하는 순간은, 흙을 가지고 모양을 만드는 성형 작업이에요. 흙이라는 물질에서 느껴지는 부드러움과 연약함이 손으로 전달되는 느낌은 환상적이에요. 마치 명상을 하듯 그 제스처에 빠져들게 돼요. 세라믹 작업은 차분하게 오랫동안 같은 템포의 움직임이 필요하기 때문에 성격이 급한 저 같은 사람에게 교훈을 주기도 해요. 가끔 작업

청동 붓순나무 꽃과 여우상

중에 서두르는 듯한 느낌을 받을 때 스스로 '안 돼.'라고 타이르며 심호흡을 다시 하곤 하죠. 이때 도움이 되는 게 플레이리스트예요. 음악으로 작업에 필요한 긴장감과 차분함을 적절하게 유지하고 있어요.

세라믹 외에 청동으로 제작된 작품들도 보여요.
청동은 최근에 시도해 본 작업이에요. 작은 사이즈의 시리즈물을 제작하려고 청동을 선택했죠. 세라믹으로는 동일한 작품을 여러 개 제작할 수 없거든요. 개인적으로 청동보다 세라믹 작업에 더 집중하고 있어요. 보통 성형과 건조, 채색, 초벌구이, 에나멜 작업, 재벌, 다시 채색, 재벌 이렇게 여러 단계를 거쳐야 완성되는 까다로운 작업이지만 그래서 저에겐 세라믹이 훨씬 더 매력적이에요.

세라믹 작가로 활동한 지 7-8년 되었다고 들었는데, 그렇다면 느지막이 작가의 길에 들어선 셈이네요.
미술 학교에 진학하고 예술가로 데뷔하는 전통적인 과정을 걷지 않았어요. 자라온 환경에서 예술이 너무 큰 부분을 차지하고 있었기에 미술 교육의 필요성을 못 느꼈던 것 같아요. 남들보다 훨씬 일찍 아티스트라는 직업이 무엇인지, 그들의 작업실은 어떤지, 어떻게 작품이 만들어지는지, 심지어 동물의 형상이나 꽃의 모습을 어떻게 입체적으로 제작해야 하는지 같은 디테일한 부분까지 조부모님과 함께 생활하면서 직접 보고 배웠으니까요. (클레망틴의 조부모는 프랑스에서 가장 유명한 부부 조각가로 알려진 클로드 & 프랑수아자비에 라란Claude & François-Xavier Lalanne이다.)

어떻게 세라믹에 매력을 느끼게 된 건가요?
약 십여 년 전이었어요. 레진으로 작업을 했는데 재료에 거부감이 생기면서 흙에 관심이 가더라고요. 그래서 메종 포퓔레르Maison Populaire라는 교육 기관에서 제공하는 세라믹 조각 수업에 등록한 것이 시작이었어요. 그런데 첫 작품을 만들어 가마에 넣고 '짜잔' 하고 가마 문을 열었는데 학생들의 작업 대부분이 깨져 있는 거예요. 모두 절망했고 수업 분위기도 좋지 않았죠. 그런데 옆 교실의 도예 수업은 음악 소리도 들리고 분위기가 너무 좋은 거예요. 그래서 세라믹 조각 수업 대신 도예 수업으로 반을 옮겼어요. 물레 성형이 익숙하지 않아 제가 만든 그릇은 대칭이 맞지 않았지만 그 수업을 들으며 점토의 성질과 흙을 다루는 방법, 건조와 가마 사용법까지 기본 중에 기본을 익힐 수 있었고, 그렇게 작가로서의 활동으로 이어졌죠.

그렇다면 은연중에 어릴 적부터 아티스트가 될 거라고 알고 있었겠어요.
가족 모두가 예술가였어요. 조각가, 배우, 가수, 사진작가처럼 분야도 다양했죠. 가족들을 보면서 예술가라는 직업을 자연스럽게 이해하게 됐지만 막상 어느 분야에 집중해야 할지 정하는 게 고민이었어요.

세라믹 작품을 만들기 전에는 어떤 일을 했나요?
고등학교를 졸업하고 카페에서 웨이트리스, 아네스베agnèsb에서 판매원으로 일을 했어요. 여성 작가들의 모임을 만들어 그룹 전시를 도모하는 등 아티스트로서의 작업을 병행하면서요. 배우로 일을 한 경력도 있어요. 광고에도 출연했지만 많은 배우 지망생이 그렇듯 생활비를 충당할 만큼 벌이가 좋은 편은

아니었죠. 대신 극단 일을 하면서 멋진 인연들을 만났어요. '테아트르 드 뤼Théâtre de rue'라는 거리 연극단에 들어가 스물다섯에서 서른 명 가까운 팀원들과 전국을 돌며 공연을 했는데 음악, 안무, 의상, 무대 연출, 디자인까지 종합 예술이 그 안에 있었고요. 테아트르 드 뤼를 경험한 뒤에는 길거리와 공공시설들이 평범하게 보이지 않는 심미안을 갖게 됐죠. 공공장소에서 시민을 대상으로 대규모 공연을 하면 엄청난 희열이 선물로 따라와요. 거기에서 무대 장식을 제작하는 일도 했거든요. 창작에 관해 대단한 열정과 전문가적 기술을 지닌 사람들이 모인 집단이라 무엇이든 제작이 가능했고, 그러면서 다양한 기술을 배우게 됐어요. 나중엔 도쿄 에르메스 뮤지엄의 인테리어를 맡았던 디자이너 힐턴 매코니코Hilton McConnico에게 작업 의뢰를 받을 만큼 손재주와 기술을 인정받았죠.

예술적 직업의 범위를 벗어난 적이 없었네요. 다양한 예술적 경험이 새로운 재료와 기술을 터득하도록 도운 셈이고요.
새로운 재료를 다루는 법과 장인 정신에 대해 항상 호기심을 가지고 있어요. 하지만 세라믹에 집중하는 이유는 가죽, 청동, 유리 등 어떤 재료와 혼합해도 어울리기 때문이에요. 여기 청동으로 제작한 붓순나무 꽃은 외할머니인 클로드 라란한테서 배운 테크닉 그대로 제작한 피스예요. 이 작은 청동 조각을 세라믹 작품에 더했을 때 큰 시너지 효과가 나는 게 좋아요. 이 기술은 할머니가 딸과 손녀들에게 대물림해 준 무형적 유산이에요. 라란의 조각 작품들은 너무 웅장하고 특수해서 영향을 받았다고 말하기엔 부담스러운 시간이 있었는데, 지금은 조부모님 덕에 저의 예술적 유산이 형성된 것을 인정하게 됐어요. 가족한테 물려받은 재능이 온전히 제 일부분이 된 것을 깨달았죠.

클레망틴 드샤바넥스라는 이름으로 이미 존재감이 충분하지만, 라란과 당신의 작업 간 연결 고리가 존재하는 건 당연한 거겠죠.
어머니는 저와 쌍둥이 여동생을 혼자 키우셨어요. 그래서 청소년이 될 때까지 우리 둘은 주말과 방학마다 할머니랑 할아버지 댁으로 보내졌죠. 두 분은 한집에 각자 작업실을 두고 생활하셨는데, 할아버지는 매끈한 동물 형상의 조각품을 차분히 제작하셨던 반면, 반대편 작업실은 할머니의 망치 내려치는 소리와 요란한 전동 절단기의 소음으로 완전히 다른 분위기였어요. 두 작업실을 들락날락하며 구경하다가 지치면 메탈 조각이 흩어진 정원에서 심심하다고 외치는 게 우리 자매의 일상이었으니 재미있지요? 그렇게 스타일이 다른 두 분의 영향을 받아 동물과 식물을 좀더 저답게, 여성스럽게 다루는 작업을

하게 된 게 아닐까 싶어요.

작품을 시작하기 전에 스케치를 미리 하는 편인가요?
아니요. 주제와 형태 그리고 사이즈에 관한 전반적인 정보가 머릿속에 있으면 바로 작업을 시작해요. 제 작업의 특징 중 하나로 완성된 작품에 작은 오브제들을 마스코트처럼 부착하는 과정이 있는데, 여기에 사용하는 오브제들은 수첩에 그림을 그리기도 하지만 기본 작업은 손으로 직접 이루어져요.

갤러리 뒤 파사주에서 열리고 있는 개인전 〈과격한 부드러움에 대한 찬양Éloge de la Tendresse Radicale〉에서 꽃잎이 뒤덮인 소녀 반신상이 인상적이었어요. 소녀와 꽃에 대한 아이디어는 어디서 시작됐나요?
일각수와 함께 있는 귀부인 문양 벽포Tenture de la Dame à la Licorne(클뤼니 박물관에 소장되어 있는 15세기 태피스트리의 걸작)에서 영감을 얻었어요. 태피스트리가 전시되어 있는 공간이 리뉴얼 된 후 방문했는데, 어두운 공간 속 아름다운 붉은색과 천 송이 꽃 배경에 눈을 뗄 수 없었죠. 그 이미지를 머릿속에 간직하고 이 소녀상을 만들었어요.

이렇게 서정적인 소녀 옆에는 익살스러운 표정을 한 강아지가 담배를 몸에 붙이고 누워 있어요. 만화 속에서 튀어나온 듯한 모습으로요.
제 작업 대부분이 어릴 적 읽은 이야기책에 뿌리를 두고 있어요. 그중 《잠의 나라 리틀 네모Little Nemo in Slumberland》는 성장기를 함께한, 저에게 가장 많은 영향을 준 책이에요. 잠들기 전 항상 침대 안에 뭐가 있을까 무서워하는 네모라는 소년이 꿈속에서 침대를 타고 잠의 나라로 떠나는 모험 이야기인데, 1900년대 초반에 만들어졌는데도 이미지가 무척 훌륭해요. 잠의 나라에서 보이는 동물들, 캐릭터들이 입고 있는 의상, 식물의 형태 그리고 화려한 색감까지 서커스장에서 느껴질 법한 시각적 즐거움이 존재해요. 현실과 꿈 사이를 이동하는 주인공의 이야기는 마치 저와 제 작업을 반영하는 것 같기도 하고요. 고전이다 보니 또래 중에 '리틀 네모'를 아는 사람은 많지 않아요. 빈티지 오브제를 모으는 취미를 가진 엄마 덕분에 이 책을 접하게 됐고, 쉰 살이 넘은 지금까지 '리틀 네모'를 떠올리며 살고 있으니 엄마에게 감사해요. 모두에게 지금이라도 꼭 찾아보라고 권하고 싶을 정도로 이 책의 팬이에요.

작업에서 토끼가 자주 보여요. 특별한 이유가 있나요?
토끼의 형태, 특히 귀가 가진 표현력을 좋아해요. 동물을 소재로 한 작품에서 귀는 꽤 중요한 요소인데 제가

원하는 표현력의 제스처를 찾는 과정에서 토끼라는 동물이 보여줄 수 있는 가능성이 많다는 게 재미있어요. 이런 회화적 동물의 모습을 창조하는 게 가능했던 이유 또한 유년 시절의 경험 덕분이에요. 유치원에 가지 않고 배우였던 엄마를 따라 극단에서 함께 생활했거든요. 아직도 기억이 생생히 남아 있는데, 다섯 살 정도 되었을 거예요. 엄마는 당시 유명했던 '그랑 매직 서커스Le Grand Magic Circus'단에서 활동하셨고, 우리 자매는 덕분에 극단 구석구석을 마음껏 돌아다닐 수 있었어요. 알록달록하고 화려했던 무대 의상과 가발을 써보기도 하고, 배우들의 백스테이지를 훔쳐보며 킥킥거리면서 말이죠. 그들의 안무와 조명에 황홀감을 느꼈어요. 그러다가 극단이 유치원 옆에 자리 잡았을 때는 담장 너머 놀이터의 아이들이 공을 주고받거나 미끄럼틀을 타는 걸 부러워하기도 했지만요. 어쨌든 이 시기에 입력된 동화 속에서나 존재할 법한 강렬한 시각적 충격은 오늘날 제 작업에 큰 영향을 주고 있어요.

토끼가 소재로 쓰인 작업물

영감을 받기 위해 따로 시간을 내기도 하나요? 전시를 보러 간다거나 여행 같은 것들이요.
아틀리에에서 묶여 지내다 보니 안타깝게도 따로 시간을 내기가 쉽지 않아요. 그래서 영감은 주로 음악을 통해 얻어요. 개인적으로 음악만큼 좋아하는 건 현대무용인데, 마지막으로 본 것이 오페라 가르니에에서 안무가 크리스털 파이트Crystal Pite의 작품이었네요. 심장이 터질 만큼 인상적이었어요. 훌륭한 컨템포러리 댄스가 전달하는 힘과 에너지는 흡입력이 대단하거든요.

당신을 '요정'이라고 묘사한 프랑스 잡지의 기사를 봤어요. 그 표현이 마음에 드나요?
그 단어를 쓴 기자의 의도는 물론 이해해요. 하지만 저는

작업에 대해 설명할 때 동화나 요정 같은 단어를 사용하고 싶지는 않아요. 물론 첫인상에서 어린 시절이나 동화가 연상될 수도 있지만 제가 작품을 통해 전달하고 싶은 것은 부드러움 속에 담겨 있는 다양한 메시지예요. 작품 안에 숨겨진 심오함을 발견할 수 있도록 가벼움과 심오함의 밸런스를 맞추는 데 노력하고 있어요.

저는 오히려 요시토모 나라Yoshitomo Nara의 작업이 연상되기도 했어요. 그 역시 귀여운 그림들을 그리지만 숨겨진 의도와 내용은 결코 가볍지 않잖아요.
그의 작업을 무척 좋아해요. 작품을 직접 본 적은 없지만 책도 여러 권 구입해서 보았을 정도로 팬이에요. 아마 언젠가는 요시토모 나라의 유러피안 사촌 정도로 불리는 날이 오지 않을까요(웃음)?

이미 일본에서 러브콜을 받고 전시를 한 적도 있잖아요. 반응이 좋았다고 들었어요.
2022년에 톤카치Tonkachi에서 운영하는 노코기리Nokogiri 갤러리에서 개인전을 열고 아트 페어 도쿄Art Fair Tokyo에도 처음 참여했어요. 아시아에 처음으로 작품을 선보이는 기회였는데 관객들이 유럽과 다르게 직접적인 관심을 표현해 주는 걸 느꼈죠. 올해 4월에도 도쿄에서 개인전을 열고 아트 페어 도쿄에도 참가할 예정이라 무척 기대돼요.

앞으로 도전하고 싶은 작업이 있나요?
평생 세라믹 작업에 집중할 거예요. 평생을 배워야 그나마 제대로 한다고 말할 만큼 까다로운 기술이다 보니, 마스터의 시선에서는 저는 지금 걸음마를 시작하는 아기로 보일지도 몰라요. 그리고 야외용 대형 세라믹 작품에 도전하고 싶어요. 야외용 세라믹에 대해 '빨리 낡는다.'와 '그렇지 않다.'는 두 가지 의견이 있는데 그 부분을 연구하고 발전시키려고 해요. 미래의 작업실과 제 모습을 상상해 보았을 때 개인 작업을 꾸준히 하면서 외부 작업을 병행하는 모습이 이상적인 것 같아요. 아틀리에 밖에서는 새로운 외부 프로젝트를 시도하고, 이를 통해 늘 새로운 에너지와 활력을 얻어 개인 작업에도 반영하고 싶어요. 요즘은 세대 전체가 대혼돈을 겪으면서 다들 피곤해하고 불안함을 호소하고 있잖아요. 그렇다고 해결 방안을 누군가가 제시해 주지도 않고요. 저도 물론 기적 같은 방법을 알려줄 만한 위인은 아니지만, 작품 활동을 통해 생명체들끼리 형성할 수 있는 고요하고 편안한 에너지를 전달하는 게 주어진 몫이라고 생각해요. 긍정적인 에너지를 매일 작품으로 승화하려고 노력하는 게 아티스트로서 할 수 있는 최선의 기여가 아닐까요.

과격한 부드러움에 대한 찬양

갤러리 뒤 파사쥬에서 열린 그녀의 개인전에서 만난 작품들.

Gazoline, 2023

So Tired, 2023

Bust of a Thousand Flowers, 2023

Blue Flower, 2023

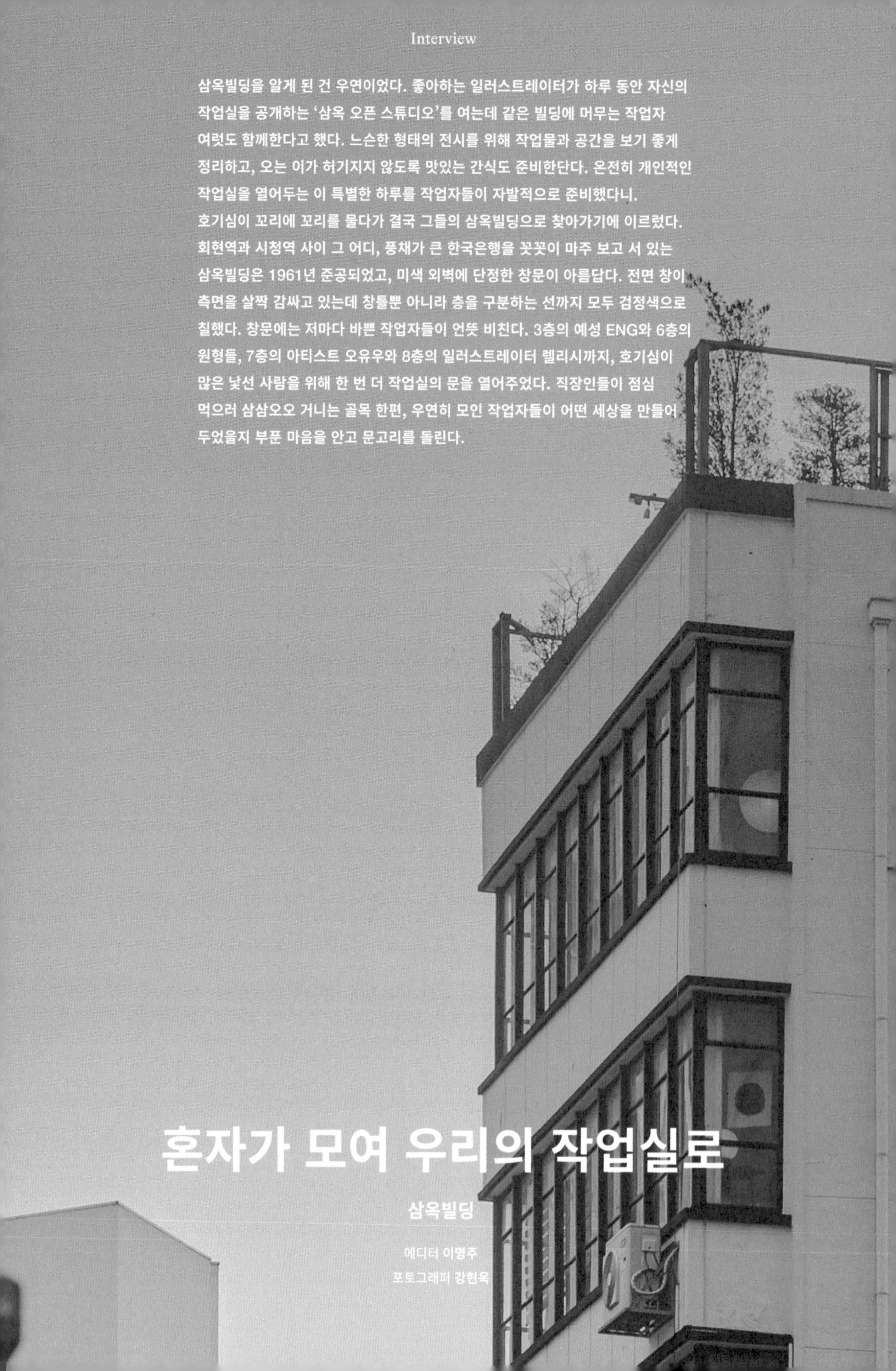

삼옥빌딩을 알게 된 건 우연이었다. 좋아하는 일러스트레이터가 하루 동안 자신의
작업실을 공개하는 '삼옥 오픈 스튜디오'를 여는데 같은 빌딩에 머무는 작업자
여럿도 함께한다고 했다. 느슨한 형태의 전시를 위해 작업물과 공간을 보기 좋게
정리하고, 오는 이가 허기지지 않도록 맛있는 간식도 준비한단다. 온전히 개인적인
작업실을 열어두는 이 특별한 하루를 작업자들이 자발적으로 준비했다니.
호기심이 꼬리에 꼬리를 물다가 결국 그들의 삼옥빌딩으로 찾아가기에 이르렀다.
회현역과 시청역 사이 그 어디, 풍채가 큰 한국은행을 꼿꼿이 마주 보고 서 있는
삼옥빌딩은 1961년 준공되었고, 미색 외벽에 단정한 창문이 아름답다. 전면 창이
측면을 살짝 감싸고 있는데 창틀뿐 아니라 층을 구분하는 선까지 모두 검정색으로
칠했다. 창문에는 저마다 바쁜 작업자들이 언뜻 비친다. 3층의 예성 ENG와 6층의
원형들, 7층의 아티스트 오유우와 8층의 일러스트레이터 렐리시까지, 호기심이
많은 낯선 사람을 위해 한 번 더 작업실의 문을 열어주었다. 직장인들이 점심
먹으러 삼삼오오 거니는 골목 한편, 우연히 모인 작업자들이 어떤 세상을 만들어
두었을지 부푼 마음을 안고 문고리를 돌린다.

혼자가 모여 우리의 작업실로

삼옥빌딩

에디터 이명주
포토그래퍼 강현욱

원형들·타일즈   (601호)   박용준·김지나

경계를 긋는 작업실

솔직히 털어두자면 601호로 향하는 걸음마다 물음표가 따라왔다. '원형들'은 독특하고 매력적인 디저트를 만드는 카페인데 왜 작업실이 여기에 있을까. 내색하지 않으며 열린 문 앞에 섰는데, 천 조각에 통통하게 솜을 채워 '타일즈Tiles'라는 글자를 만들어 두었다. 이건 또 뭐지? 뭉게뭉게 피어나는 궁금증을 안고 인사하니, 두 명의 대표가 미소를 띠며 마중한다. 그리고 잔잔한 목소리로 이어지는 대화 중에 깨달았다. 원형들의 일원이자 머지않아 탄생할 브랜드 '타일즈'의 캐릭터를 채워나가는 박용준, 김지나 대표는 지금 경계를 긋는 중이란 걸.

어떤 모습일지 궁금했어요. 원형들과 타일즈는 어떻게 다른 건가요?

용준 반갑습니다. 흔히 알고 계시는 카페 '원형들'과는 다른 모습일 텐데요. 원형들이라는 큰 팀에서 다른 플레이를 하기 위해 분리된 팀이라고 생각하시면 편할 것 같아요. 올해 타일즈라는 이름으로 새로운 브랜드를 준비하고 있어요. 의류나 리빙 굿즈, 패션 아이템들로 예상하고 지금은 한창 작업에 몰두하는 시기입니다.

지나 원형들의 팀원들이 하고 싶은 분야가 굉장히 많은데, 그 이름 안에서는 이미지가 고정되어 있더라고요. 디저트나 카페처럼요. 그걸 과감히 지우고 해보고 싶은 걸 시도하기 위해 작업실을 꾸렸어요.

그래서 완전히 다른 느낌이었군요. 이름의 의미가 궁금해요.

용준 자유롭게 의견을 던지다 나온 이름이에요. 처음에는 인테리어 업체 같다는 피드백도 있었지만, 가장 첫 번째로 제시된 거라 쓰다 보니 익숙해지더라고요(웃음). 전체 개념은 '타일즈 하우스'라고 정해두었어요. 집 안에서 보고 쓰고 입을 수 있는 것들을 다뤄보려고요.

두 분은 원래 원형들에서는 어떤 작업을 하셨어요?

지나 베이커라고 부르는데요. 지금도 디저트 디자인과 케이터링 일을 담당하고 있어요. 원형들이라는 브랜드의 비주얼 디렉티브나 미장센을 다루는 작업이에요.

용준 저는 브랜드 운영과 외부 협업 등을 관리하고 있어요. 원형들은 베이커가 중심에 서 있고 조형물이나 영상 콘텐츠, 타일즈처럼 서브 프로젝트 등을 진행하는 크루들로 구성되어 있어요. 모두가 한자리에 모여 일하지는 않아도 프로젝트 단위로 모였다가 헤어지기도 하는 방식으로 작업에 맞춰 일하고 있습니다.

원형들의 작업에 대해서도 살짝 듣고 싶어요. 그간 고수나 버섯, 콩, 허브 등을 활용한 케이크를 선보였는데요. 색깔도 디저트에서 보기 힘들던 초록, 파랑, 노랑처럼 다채롭죠. 아는 재료를 낯설게 느끼도록 만드는 이유가 뭘까 궁금했어요.

지나 원형들 보다 충무로의 '섬광'이라는 카페를 먼저 오픈하고 운영했어요. 섬광이 많은 분들께 사랑받았으니, 이번에는 독특한 걸 해보자는 마음으로 가볍게 시작했던 거죠. 세상에 없는 우리 걸 만들고 웹에 콘텐츠를 남기고 싶었기 때문에 모양과 재료도 전부 낯선 방식을 선택한 거고요. 사실 지금처럼 일이 쏟아지는 브랜드가 될 거라고는 저희도 예상하지 못 했던 것 같아요. 무척 감사하죠. 이제는 와주시는 분들이 무얼 원할까를 고민하면서 구상하기도 해요. 계절감을 충분히 살리고 싶어서 겨울이면 딸기에다가 바질이나 유자를 섞어볼까, 그때만 나오는 잼이나 꽃이 있다면 얹어볼까, 아이디어를 쏟아내 보고요. 달마다 케이크를 작업하기 때문에 아이디어도, 고객 반응도 틈틈히 수집해 둬요. 주로 핑크색을 좋아하시더라고요(웃음).

신기하네요. 그럼 이번에는 타일즈를 향해 가벼운 마음으로 나아가 보는 거군요.

용준 맞아요. 바꿔말하면 무모한 마음인데(웃음)···. 오프라인의 단점이 직접 찾아주지 않으면 소비되지 않는 거라서 그 통로 말고 다른 길도 보고 싶어요. 창의적인 친구들이 힘을 한번 써볼 수 있는 좋은 기회인 것 같아요. 그래, 딱 1년만 해볼까? 이런 태도로요. 무엇이든 수명이 있다고 보거든요. 우리가 경계를 친 구역 안에서 언제까지나 새로운 걸 보여주기는 힘들 테니까, 수명을 조금이라도 더 늘리기 위해서는 안정적인 영역을 그대로 두되 다른 영역을 파보는 거죠.

지나 막상 타일즈를 오픈할 때가 되면 지금과는 또 다른 모습이 되어 있을지도 몰라요.

그럼 삼옥빌딩에는 언제 들어온 거예요?

지나 여기 의자와 테이블에 앉아 있게 된 건··· 3개월 정도 됐네요.

일단 오늘 만나는 분들 중에서는 가장 짧게 계셨어요(웃음). 여길 선택한 이유가 있어요?

지나 7층 오유우 작가에게 소개받았어요. 다른 분들도 소개로 들어오시기도 하더라고요. 오유우 작가는 원래 아는 사이였는데 삼옥빌딩에 한번 와보면 반할 거라고 했어요. 정말로 창문이 너무 예쁘던데요? 창이

크니까 바깥 풍경도 잘 보여서 좋아요. 지리적인 이점도
물론이고요.
용준 그리고 한국은행이 앞에 있다는 것도 기분이 좋아.
지나 맞아. 다만 엘리베이터가… 조금 작아요.

**삼옥 오픈 스튜디오는 작년에 처음 참여했잖아요. 무얼
준비했어요?**
용준 워낙 바쁜 시기라 준비가 어려웠는데, 삼옥빌딩
동료 작업자분들이 저희 몫까지 힘을 많이 써주셨어요.
정말 감사했죠. 작년 행사가 열릴 때쯤에 여기가 텅
비어 있었거든요. 저희는 이곳이 과연 작업실로 보일지
걱정돼서, 그냥 이사 온 콘셉트로 모든 짐에 하얀 천을
감쌌어요. 짐을 아직 안 푼 것처럼요. 그리고 원형들의
디저트들을 가져다 놓고요.

**원형들답게 잘 풀어낸 것 같은데요? 한편으로 일상의
공간과 작업의 공간이 나눠져 있는 건 어떤지 궁금해요.**
용준 아이디어나 공상, 생각은 어디서든 할 수 있는데
그걸 실천할 공간이 작업자들에게 필요해요. 그래서 집과
작업실이 분리되는 게 좋고요. 그런데 가만 보니 게으른
사람들만 그런가 봐요.
지나 맞아요(웃음).

**오늘 만나는 삼옥빌딩 작업자들에게 똑같은 질문 하나를
던지려고요. 삼옥빌딩은 네모다! 네모를 채워주세요.**
용준 인큐베이터 같은 공간이라고 생각해요. 밖에서는
잘 안 보여도 이 안에서는 열심히 성장하고 생산하고
있거든요. 동료 작업자들이 아니라면 우리가 이 안에서
무얼 하는지 모르시는 분들도 많을 거예요. 여기서 잘
준비해서 올해 세상으로 나아가고 싶어요.

원형들·타일즈
달마다 익숙한 재료의 새로운 면모를 발견하는 원형들은
독특하고 참신한 디저트로 고객들을 사로잡는다. 타일즈는
원형들과는 완전히 다른 색깔의 라이프 스타일 브랜드로 올해
문을 열 예정이다.

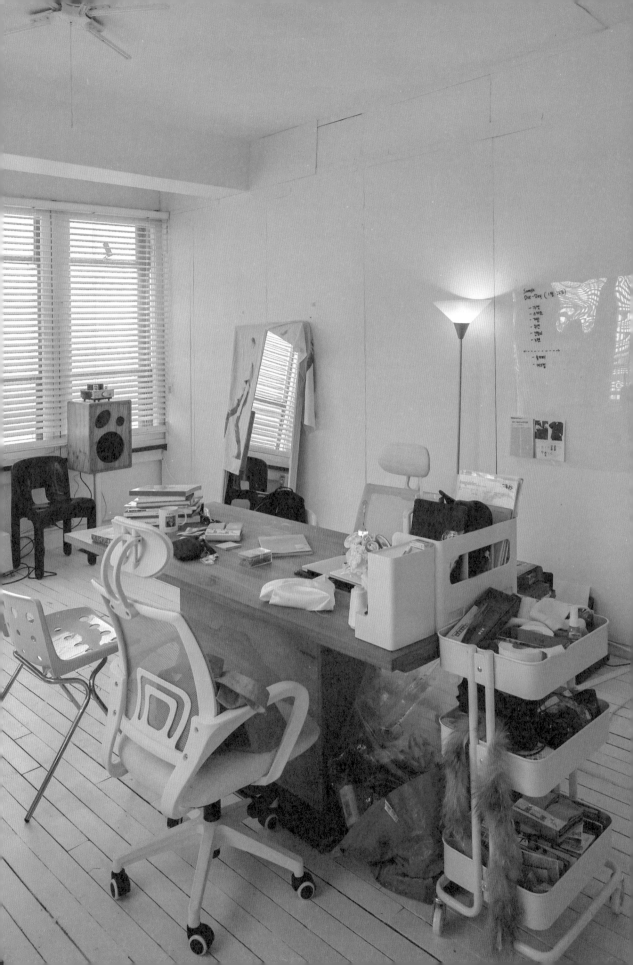

일러스트레이터   (802호)   렐리시

나와 똑 닮은 작업실

작은 엘리베이터에 올라타 동그란 버튼 중 '8'을 눌렀다. 꽤 높구나, 생각하는 순간 문이 열리고 복도가 드러났다. 어느 한 작업실의 열린 문틈 사이로 빛이 쏟아진다. 일러스트레이터 렐리시의 공간임을 확신하고 들어서니 빛뿐만 아니라 온갖 색이 경쾌한 춤을 춘다. 그 사이에서 환한 미소를 짓는 렐리시 작가는 우리를 반기며 자리를 내어줬다. 잠시만, 도대체 어떻게 공간과 사람이 이렇게 똑 닮을 수가 있지? 하나의 사람은 이 공간에 애정을 담뿍 담았음을, 하나의 공간은 이 사람을 통해 완성됐음이 분명하다.

반가워요. 삼옥빌딩이 8층까지 있는 줄 몰랐어요.
안녕하세요! 렐리시라고 합니다. 위층에 건물 대표님이 쓰는 공간과 작은 옥상 정원이 있어요. 아마 오늘 만나는 분들 중에 제가 제일 높은 층이겠네요. 오래전에 지어진 곳이라 4층이 없어서 저는 7층에 지내는 셈이죠. 이곳에 온 지는 2년 정도 되었고요. 이전에는 작업실 하나를 친구랑 함께 썼는데, 그 친구는 '블랙 앤 화이트'를, 저는 '컬러풀'을 좋아했어요. 서로의 색깔을 잃어간다며 우스갯소리를 하다가 삼옥빌딩에 첫 개인 작업실을 꾸리기로 마음먹고 들어왔죠.

그래서인지 컬러풀한 그림과 오브제가 눈에 띄어요.
개인 공간이고 외부 미팅도 여기서 하다 보니 작업물을 많이 드러내는 방식으로 꾸미고 싶었어요. 친구와 함께 쓰던 책상이나 수납장, 책장 등을 받아서 작업물을 전시하는 데 썼고요. 전자레인지도 있어요. 다들 혼자 쓰는데 가구가 너무 많지 않냐고 물어보는데, 저는 부족하던데요(웃음)? '맥시멀리스트의 꿈이 담긴 작업실'이라고 소개하기도 해요. 콘센트가 달린 벽면이 하나라 그쪽에서 디지털 작업을 하고, 원화 작업은 창가 앞에 이젤과 도구를 늘어두고 사용해요.

그러고 보니 이름의 의미가 궁금해요.
본명이 '김은정'인데 흔한 이름이라 작업할 때는 쓰고 싶지 않았어요. 친언니가 영화나 드라마 혹은 일상에서 무심코 발견한 영어 단어들을 수집하는 취미가 있는데요. '렐리시Relish'가 저랑 어울릴 것 같대요. '즐기다'라는 말로도 쓰인다면서요. 작업할 땐 무엇이든 즐기자는 마음으로 고른 이름이에요.

작품에서 '알록달록하고 큰 친구'를 자주 봤어요.
애칭처럼 '빅 걸'이라고 불러요. 제가 일상적인 행동 하나를 하더라도 동작이 큰 편이거든요. 방금처럼 드립백을 터뜨린다던가 포토그래퍼님을 친다든가요. '세상은 나한테 좁다. 더 넓은 세상으로 나가자!'라는 마음으로 크고 우당탕하는 느낌의 작업물이 많아진 것 같아요.

그림 그릴 때 중요하게 생각하는 게 있다면요?
작업할 때는 성숙해지지 말아야겠다고 다짐해요. 철없이

살아야 유쾌함을 잃지 않을 테니까요. 저는 일상에서 블랙 코미디 같은 순간이 재밌더라고요. 더운 날에 무거운 짐을 잔뜩 들고 걷는 내가 유리창에 비칠 때처럼, 누군가에겐 부정적일지 모르는 순간을 유쾌하게 바꾸고 싶어요.

이런 사적이고 온전한 공간이 존재한다는 게 작업자에게는 어떤 의미일까요?
나를 굳이 설명하거나 누군가를 설득하지 않아도 공간에서부터 나라는 사람이 드러나요. 나만의 작업이 탄생할 수 있다는 가능성 같기도 해요.

수많은 작업실 중 삼옥빌딩을 고른 이유가 뭐예요?
먼저 입주한 701호 오유우 작가와 친한 사이라 삼옥빌딩을 알고 있었어요. 교통편도 아주 좋고 비용도 합리적이고 채광도 뛰어나더라고요. 가끔씩 놀러 올 때 좋아 보였는데 마침 개인 작업실을 찾고 있으니 남은 곳 없는지 물어봤거든요. 건물 대표님께 확인해 보니 바로 전날, 빈 작업실이 계약됐대요. 아쉬운 맘으로 고민하며 보내는데 며칠 뒤에 다시 전화가 왔어요. 입주 일정이 맞지 않아서 계약이 파기되었으니 들어와도 좋다고요. 뛸 듯이 기뻤죠.

타이밍이 아주 잘 맞았네요. 삼옥빌딩의 특징을 소개해 주실래요?
혹시 바깥에서 창문 보셨어요? 되게 예쁜데 사실 안쪽에 창문이 따로 달려 있어요. 바깥에 달린 건 옛날에 만들어진 거라 유리를 갈기 어렵다고 하더라고요. 아예 제거하기에는 빌딩이 가진 매력이 사라져버릴 테니, 겉은 두고 안에 새로 만든 거예요. 층고가 높은 것도 특징이에요. 8층은 위층이 옥상이라 조금 낮춘 건데, 아마 다른 층에 가보시면 바로 느껴질 거예요. 그래서 조금 춥고요(웃음).

작가님이 '삼옥 오픈 스튜디오' 첫 문을 열었다고요.
저와 오유우 작가, 옆방인 801호를 쓰는 포토그래퍼 박하림 작가 셋에서 처음 삼옥 오픈 스튜디오 1회를 열었어요. 사실 그때는 오유우 작가를 제외하곤 삼옥빌딩 작업실을 쓰지 않았어요. 개인 작업자에게는 전시나 페어 등에 참여하는 게 굉장한 에너지와 노력이 필요한데요.

그것보다는 좀더 캐주얼한 느낌으로 우리만의 전시를 하고
싶었어요. 마침 오유우 작가의 작업실이 함께 쓸 만하고
'삼옥'이라는 이름도 예뻐서 가볍게 시작했던 거죠. 사진
찍고 포스터 만들고 공간 구성하고 무료 전시지만 간단한
다과도 차리고요. 다시 생각해도 너무 재미있었어요. '다음
해에 또 할 수 있을까?' 생각했는데, 그사이에 저와 박하림
작가도 삼옥빌딩에 입주하게 됐어요.

삼옥빌딩이 작업자들을 끌어당겼네요?
그런가 봐요(웃음). 1회를 본 301호의 이예주 디자이너와
가까워져서, 2회에는 네 명이 3층에 라운지도 만들었어요.
작년에 열린 3회에는 더 많은 삼옥빌딩의 작업자들이
참여해 주셨고요. 라운지에서 와인 팝업을 열고 스몰
디시와 내추럴 와인을 나눠 마시기도 했죠. 사실 시작부터
큰 목적을 가진 게 아니기 때문에 규모가 점점 커지는 게
걱정되기도 했는데, 그때마다 서로 도우면서 재미있게
하고 있어요.

매년 추억이 쌓여갈 때마다 보람도 크겠어요.
맞아요. 외부에서 삼옥빌딩 내부 작업자들을 더욱 가까이
볼 수 있는 계기가 되니까 일로 연결되기도 하고, 오시는
분들 덕분에 마음의 에너지를 얻기도 해요. 개별적이고
경계가 뚜렷해 보이는 작업자들이 하나로 모여 재미난
이벤트를 하는 곳에 내가 있다, 이런 자부심도 들고요.

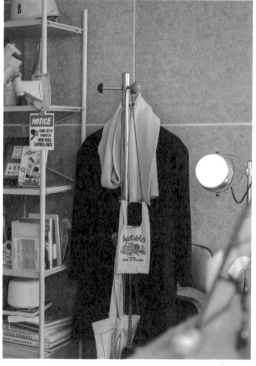

다양한 분야의 작업자들이 모여 있기에, 끈끈한 사이가
될 것 같아요.
좋은 작업이 보이면 '나도 더 열심히 해야지!' 하면서
분발해요. 아마 동료들이 없었다면 이 화려한 명동 하늘
아래, 너무 외롭고 심심했을 거예요.

삼옥빌딩 작업자분들께 공통 질문을 드리고 싶은데
답해주실래요? 삼옥빌딩은 네모다!
저 이런 거 되게 약하거든요. (웃으며 잠시 고민한다.)
삼옥빌딩은… 마을이다!

렐리시
일러스트레이터, 북 디자이너, 아트디렉터로 활동한다.
일상에서 포착한 장면과 고유한 분위기를 컬러풀한 색감으로
표현한다. 사소한 흔적과 공감을 모티브로 한 작업들이
보는 이에게 다정한 날을 선사하기를 바란다.

예성 ENG
301호
이예주

둥글고도 뾰족한 작업실

3층으로 내려오니 복도 창밖 풍경이 사뭇 다르다. 이곳은 디자이너 이예주가 이끄는 그래픽 디자인 스튜디오 예성 ENG. 작업실의 문고리를 잡아 부드럽게 밀어보니, 가장 먼저 둥글고도 뾰족한 그의 작업물이 보인다. 어릴 때 쓰던 모양 자 같기도, 다 쓴 스티커의 흔적 같기도 한 모습은 낯설지 않지만 새롭다. 질서 정연하게 정리되어 있는 책장 너머로 작업실을 둘러보다 이예주 작가가 내어준 차 한 잔에 목을 축였다. 이곳에는 또 어떤 세계가 흐를까.

예성 ENG는 어떤 일을 하고 있어요?
문화와 예술을 기반으로 비주얼을 다루는 작업을 하고 있어요. 도서 디자인과 브랜딩, 전시, 공간 디렉팅 등 그래픽 디자인이 주도하거나 스며들 만한 분야라면 다양한 작업을 시도하죠. 제 이름의 '밝을 예叡'와 '이룰 성成'을 조합했고요. 'ENG'는 엔지니어링의 약자로 사용했는데요. 그 단어의 어원인 엔진이 '발명하다'라는 뜻을 갖고 있어요. 우리 브랜드가 책뿐만이 아니라 아이템이나 공간 기획 등에서도 빛을 발한다는 바람을 담은 거예요. 일을 시작한 지는 8년 차 정도 되었네요.

건네주신 명함을 봤는데, 명함마다 뒷면 색이 전부 다르더라고요.
맞아요. 그것 역시 다양한 분야에 경계를 두지 않겠다는 마음을 표현한 거죠. 시도라는 느낌과 닮은 비비드한 컬러를 사용했어요.

이예주 작가님을 《19호실로부터》, 《자아, 예술가, 엄마》의 디자이너로 알고 있어요. 여러 장르를 넘나들며 작업하는 이유가 궁금해요.
기질의 문제인 것 같아요. 저는 공간을 확장할 수 있는 그래픽 요소를 제작하는 일을 되게 좋아해요. 예를 들어 평면에서 시작한 작업물이 오브제로, 사물로 옮겨 갔다가 과거나 미래와 연결 지어 새로운 의미를 끌어낼 수도 있겠죠. 구조를 연결하는 방식과 결과물을 상상하고 실현하는 과정을 오랫동안 즐겼어요.

모양 자와 비슷한 구조물들도 그 결과물인가요?
맞아요. 제가 파주 타이포그라피 학교 1회 졸업생이에요. 거길 졸업하고 나서 5년 정도 충무로에 있는 작업실을 다른 동료들이랑 함께 썼거든요. 주변에 인쇄소가 아주 많았는데, 인쇄 후 가공 중 하나가 '도무송'이라고 특정한 모양의 접착 부분을 도려내면 파지가 발생하는 방식이 있어요. 파지의 모양이 매력적으로 와닿아서, 이리저리 활용해 보며 개인 프로젝트를 진행했죠. 프로젝트 내용이 책으로 옮겨진 후에는 여러 전문가들과 함께 카펫이나 가구 디자인에 녹여 보기도 하고, 스틸 소재의 오브제로 만들어 보기도 했고요. 지금은 사람들이 시도해 볼 수 있는 워크숍의 구조로도 구상하고 있어요.

일상의 경험에서 아이디어가 발현됐네요.
작업 환경에서 볼 수 있는 일상의 풍경을 의미있게 생각해요. 충무로 작업실을 사용할 때 주변 풍경에서 볼 수 있는 인쇄소 등 일상의 이미지를 중요하게 여긴 것처럼요. 이 파지에 푹 빠지는 바람에 프로젝트 초반까지는 온갖 파지를 수집했어요. 인쇄소 찾아가서 특이한 모양이 나왔나 기다리고요. 여기 있는 하트처럼요(웃음). 평면 소재여도 신체에 대입해 보면 언어가 훨씬 풍부해지기도 해요. 주요한 개념이 발현되는 채널은 계속 달라지지만 보는 이들에게 어렵지 않은 구조로 다가가고 싶어요.

그럼 이 작업실에서 작가님께 필수적인 도구를 하나 꼽아본다면요?
(잠시 고민한다.) 근원적인 매체는 손이라고 생각해요. 종이를 오리고 덧붙이고 콜라주를 하면서 확장이 되어가는 모든 과정에 손이 필요하니까요. 그 과정에서 상상력을 약간 더해주고요.

작업할 때 지키는 신조나 중심 같은 것도 있을까요?
호기심이나 즐거움이요. 어떤 마음으로든 일단 프로젝트를 시작했다면 이상하게 책임감이 생기더라고요. 개인 작업은 클라이언트나 마감도 없고 누구한테 허락받을 필요도 없는데요. 그래서 스스로 만족하는 결과물이 나올 때까지 신중한 태도로 작업에 임해요. 또 일하는 공간과 쉬는 공간을 확실히 구분해요. 예전에는 작업용 컴퓨터를 집에 가져간 적도 있는데, 작업과 휴식 어느 하나도 챙기지를 못하더라고요. 작업실은 몰입할 수 있는 곳으로 두고 집에서는 완벽히 휴식해요. 운동도 꾸준히 하며 체력을 기르는 것도 건강하게 일하기 위한 저의 원칙이에요.

삼옥빌딩과 작업실에 대한 이야기도 나누고 싶어요. 이곳에서 가장 오래 지낸 작업자라고 들었어요. 삼옥빌딩은 어떤 이유로 선택했어요?
올해로 4년 차가 되었는데요. 동료들과 다 함께 쓰던 작업실에서 나와 저만의 작업에 몰두하고 싶었어요. 그때는 졸업하자마자 세 명이서 한방을 썼으니까 학교나 작업실이나 공간의 느낌이 별반 다르지 않았거든요. 보다 전문적이고 진지한 태도로, 예성 ENG라는 하나의 이름을 쓸 수 있는 작업실을 원했어요. 아티스트 프루프

최경주 작가가 이곳을 소개해 줘서 흔쾌히 들어왔죠. 먼저 높은 층들을 보고 오셔서 느껴질 텐데, 여기는 저층이라 바깥 풍경이나 걷는 사람들이 잘 보여요. 그래서 저는 창문에 커튼을 달아두는 게 집중이 훨씬 잘되더라고요. 고층으로도 한번… 가보고 싶네요(웃음)

(웃음) 그런데 가만 보니, 삼옥빌딩은 작업자가 또 다른 작업자를 이끌어주며 채워진 곳 같아요. 이 공간만의 매력이 뚜렷한가 봐요.
공간 자체에 밝고 좋은 에너지가 가득하기 때문 아닐까요? 그리고 바로 곁에 좋은 동료들이 함께하고요. 각자의 영역에서 뚜렷하게 일하는 사람들이다 보니 프로젝트마다 협업하는 것도 재밌어요. 같이 만나서 즐겁게 차 마시고 밥 먹다가, 작업할 때는 누구보다 프로페셔널한 자세로 임하는 동료들이에요.

작업실이라는 공간의 새로운 면모를 삼옥빌딩 작업자분들이 보여주고 있네요.
그렇게 봐주시니 기뻐요. 올해에는 다들 더 잘되면 좋겠어요.

마지막 질문이에요. 삼옥빌딩은 네모다!
음… 열린 공간이라고 하고 싶어요. 이곳 사람들은 누군가 나가고 들어오는 데에 부정적인 마음이 없거든요. 항상 좋은 사람들과 시너지를 내길 바라니까요.

예성 ENG
삼옥빌딩에서 가장 오랜 시간 머물렀다. 그래픽 디자인과 아트 디렉션을 진행하며 책, 브랜드 아이덴티티, 전시와 공간 등 폭넓은 분야의 커머셜 프로젝트와 동시에 매력적인 독립 작업도 선보인다.

공예 아티스트   701호   오유우

상상이 덧대어지는 작업실

앞선 대화에서 자주 등장한 이름을 떠올리며 마지막으로 7층에 가본다. 똑똑, 두어 번 두드리니 안에서 응답하는 밝은 목소리가 들린다. 이윽고 열린 문 안에는 커다랗고, 둥글고, 어딘가 모르게 귀여운 구석이 포착되는 것들이 보인다. 널찍한 공간 한편에는 잘게 찢은 종이 조각들이 커다란 포대에 담겨 있고, 공예 아티스트 오유우의 뒤편에는 나무 합판과 페인트 통이 제자리를 잡고 서 있다. 종이죽을 연거푸 엎으며 제작 중인 커다란 의자 옆에 앉아 그에게 말을 걸었다.

여기가 오유우의 작업실이네요! 소개 부탁해요.

701호 작업자 오유우라고 합니다. 손으로 무언가를 만드는 일이 좋아서 도자 작업을 시작했고, 현재는 제가 표현하는 도자와 결이 맞는 소재로 큰 오브제나 가구를 만들고 있어요. 오늘은 대화 나누러 오신다고 해서 예쁜 옷을 입었지만, 평소에는 편안한 작업복을 입어요. 생각보다 거칠고 먼지가 많이 나오는 작업들이라서요. 삼옥빌딩에서 청소를 해도 티가 잘 안 나는 유일한 작업실입니다(웃음).

이름이 둥글고 유연한 느낌이에요.

워낙 호기심이 많아서 다양한 시도를 해보는 걸 좋아해요. 그래서 하나로 규정되는 듯한 이름은 짓고 싶지 않았어요. 부모님 성함이 옥윤, 현우인데 모음이 두드러지는 부분을 모아 만든 이름이에요. 짓고 보니 동글동글한 느낌이 저도 좋더라고요.

그런데 종이죽으로 어떻게 가구를 만들어요?

미술 시간에 하회탈 만들어 본 적 있으신가요? 그 방식과 흡사해요. 저쪽에 잘게 찢긴 종이들이 모여 있는데요. 주변에 편집 디자인을 하는 친구들이 많아서 편집본 책이나 지난 포스터, 브로슈어를 곧잘 받아요. 종이는 전부 갈고, 목재와 철재를 사용해서 가구의 뼈대를 만들어 두어요. 이케아에서 리사이클용으로 제공되는 합판을 사용하거나, 건축자재업을 하시는 아버지 덕분에 얻을 수 있는 자투리 철재를 용접해서 뼈대로 사용하기도 하죠. 이후에는 잘게 자른 종이를 죽으로 만들어 살을 붙이는데, 완성품이 강도나 수분 등에 취약하지 않도록 시간차를 두고 여러 번 덧바르고 안료를 써서 색을 표현하기도 해요. 한 장의 종이는 연약해 보이지만 뭉쳐지면 꽤 단단하고 세답니다.

아까 8층에서 주워들으니, 삼옥 오픈 스튜디오 홍보 포스터도 모두 여기에 있다고….

맞아요. 남은 포스터들을 전부 모아서 갈아버렸어요(웃음).

(웃음) 작업 소재가 자투리인 이유는요?

부드러운 촉감을 좋아해요. 그래서 흙을 반죽할 때 받는 느낌과 유사한 재료를 찾다 보니 종이가 되었어요.

처음에는 달걀판도 써봤는데 얻을 수 있는 경로가 한정적이고, 작업을 위한 불필요한 구매는 하기 싫더라고요. 제가 엄청난 환경 지킴이는 아니지만요. 주변에 널린 종이를 먼저 활용해 보고 싶었고 자연스레 목재와 철재까지 시선이 닿았어요.

여기서 작가님이 좋아하는 작업물을 꼽아주실래요?

음…. '왕 의자'요. 삼옥빌딩 바로 앞에 높이 선 게 한국은행인데요. 제가 입주했을 땐 바닥 골조만 짜인 상태였어요. 한국은행이 올라오는 걸 보면서 '돈의 기운'을 얻고 싶어서 만들었어요(웃음). 보통 첫 번째 피스는 제가 갖고 있고, 제작 문의가 들어오면 요청하는 사이즈에 맞춰서 조금씩 변형하면서 제작해요. 공간이나 주변 사물과 잘 스며드는 작업물을 만들고 싶거든요. 삼옥빌딩 동료들과 함께한 작업도 좋아해요. 렐리시 작가와 만든 와인 칠러는 제가 만든 도자기에, 렐리시 작가가 저의 반려견이었던 친구 '까미'의 얼굴을 그려주었어요.

도자와 종이죽 작업실이 나눠져 있다고요. 작업 공간이 어디냐에 따라 작업에도 영향을 미치나요?

그럼요. 집 뒷마당에 세 평 남짓 창고에서 도자 작업을 하는데 거기는 가마와 물레, 석고틀과 도자 재료들로 가득 차 있어요. 작은 시골 마을이라 조용하고 산이 늘어서 있어 새소리가 들리죠. 혼자 생각하거나 섬세한 작업이 필요할 때는 그쪽이 편한 것 같아요. 여기는 작업물을 모아 두고 볼 수 있다는 점과 공간을 유연하게 활용할 수 있다는 게 좋아요. 다양한 분야의 동료들과 언제든 이야기를 나눌 수 있는 것도요.

삼옥빌딩에는 4년 가까이 머무른 건데, 어때요?

시간이 벌써 그렇게 됐더라고요. 처음에 701호를 임대한다는 글이 올라오자마자 두 시간 만에 발견해서 바로 다음 날 오전 10시에 계약했어요. 창이 'ㄱ' 자 모양이라 해가 풍요롭게 들어오는 게 맘에 들었거든요. 무엇보다 건물 대표님이 굉장히 인자하세요. 젊은 사람들을 존중하는 태도로 바라봐 주시고 개인 작업자를 반겨 주시고요. 삼옥 오픈 스튜디오를 열고 싶다고 했을 때도 흔쾌히 허락하셨어요. 건물 지하에 남는 공간이 있으니 자유롭게 써보라고도 해주셨죠. 열심히 머리 굴리는 중이에요(웃음).

나의 공간이 있다는 게 작가님에게는 어떤 의미예요?
스스로를 표현하는 것 같아요. 나를 닮았고 내가 좋아하는
것들이 모인 공간, 좋아하는 사람들을 불러서 함께 시간을
보내는 공간이 있다는 게 얼마나 의미 있는지 몰라요.
때때로 일상에서 쌓이는 감정들도 해소하거든요. 웃고
싶을 땐 깔깔 웃고, 힘들 때는 엉엉 울기도 하고요. 여기에
나라는 사람의 여러 감정을 공유해 두는 것 같아요. 가끔
삼옥빌딩 동료들이 와서 흙을 만지다 가는데, 같은 흙으로
각자만의 형태가 표현되는 게 신기했어요. 그런 날은 제
작품을 물끄러미 보다가 가기도 해요. '나의 형태는 뭘까?'
고민하면서요.

**그럼 701호의 새로운 이름을 지어준다면 뭐라고
할까요?**
701호라는 말 대신 새로운 이름으로 부른다는 거죠? 그럼
아무것도 안 써둘래요!

**이곳에서 만난 동료 작업자들의 이야기도 빠질 수
없겠죠.**
삼옥 오픈 스튜디오를 하면서 다양한 작업자들이 와글와글
모여 일하는 게 얼마나 재밌는지 알게 됐어요. 혼자 작업할
때의 에너지도 좋지만, 다 함께 있을 때의 시너지가 참
매력적이라는 것도요. 저는 아주 긴 시간 작업을 해온 것도
아니고, 전공자도 아니다 보니 외로울 때가 있었거든요.
각자의 방에서 다른 일을 하고 있지만 동료라는 단어
하나로 끈끈함을 느끼는 게 좋아요. 서로 좋은 영향력을
주고받을 수 있어서 기뻐요. 다정하고 멋진 작업자들과
이 건물에 머문다는 게 행복인데, 앞으로의 삼옥빌딩은
또 어떤 모습이 될까 기대되고 궁금해요. 더 다양한
작업자들을 삼옥빌딩에서 만나길 바라요.

마지막으로 하나 더 여쭤볼게요. 삼옥빌딩은 네모다!
작업자를 반짝반짝 빛나게 해주는 공간이에요.
작업자에게는 그게 최고죠.

오유우
흙이나 종이 등 자연과 일상에서 얻어지는 소재를 바탕으로
주변에서 마주하는 사물과 언어의 형태를 오유우만의 방식으로
재해석한다. 자유로운 형태들은 때때로 우리를 유쾌하게
만들어 줄 것이라 믿는다.

H. instagram.com/o__y_w

혼자 썼지만 함께 쓴 글

만약 내가 조금 덜 산만했다면 나는 베스트셀러 작가가 되었을까?

글·사진 정다운

산만한 사람의 글쓰기

지금 이 글은 집 거실 한가운데 있는 책상에 앉아서 쓰고 있다. 내가 앉은 자리에서 고개만 조금 돌리면 침실부터 부엌, 화장실, 현관 그리고 창 너머까지 집 안팎을 모두 볼 수 있다. 집에는 고양이와 나만 있고 고양이는 침대에서 자고 있다. 이불 속에서 한숨 푹 자고 거실로 나와 물을 마시거나 사료를 먹고 화장실에 갔다가 거실 소파에서 그루밍을 하겠지. 그러다 책상 위로 올라와 내 손이나 키보드 혹은 마우스를 베고 누울 것이다. "아이고 애기 왔어." 언제나 환영이다. 물론 책상 위 고양이는 일하는 데 방해가 된다. 하지만 그건 상황을 단편적으로만 바라본 이야기다. 글은 손가락으로만 쓰는 게 아니니까. 정확한 통계 자료가 나와 있는 건 아니지만 다른 직업에 비해 굉장히 높은 비율로 작가들은 고양이와 함께 살고 있다. 고양이가 글쓰기에 방해가 된다면 그들이 고양이와 함께 살 리가 없잖아! 여기까지 썼는데 고양이가 책상에 비스듬히 걸쳐둔 슬라이드를 자박자박 걸어 올라와 내 손을 베고 누웠다. 최소 10분은 손가락 하나 꼼짝할 수 없다. 조금만 움직이면 내 손을 물어버릴 것이다. 음, 고양이가 글쓰기에 방해가 되는 건 맞는 것 같다. 에디터 선생님, 혹시 이 원고가 마감일이 넘겨 도착한다면 그것은 모두 고양이 때문입니다. 조금 전 집 앞에 택배 트럭이 왔고, 기사님이 현관문 앞에 택배를 두고 가셨다. 기다리고 기다리던 사과인 것 같다. 옆집 어린이들이 하교를 했는지 왁자지껄 마을을 뛰어다니는 소리가 들린다. 스포티파이에서는 강아솔의 새로운 앨범 [아무도 없는 곳에서, 모두가 있는 곳으로]가 반복 재생되고 있다. 이토록 산만한 환경 속에서 글을 쓰고, 일을 하고, 영화를 본다. 가끔은 영화를 보면서 글을 쓰고, 유튜브를 보며 일을 하기도 한다. 책상에 앉아서 일을 하면서도 나는 집 안팎의 동정을 끊임없이 확인한다. 심지어 온갖 뉴스와 SNS를 통해 세상의 동정도 함께 살핀다. 어떤 작가들은 이런 나를 도무지 이해하지 못할지도 모르겠다. 방금도 글을 쓰다 커튼 사이로 삼색이 고양이가 뒷발을 보고 얼른 뛰어나가 간식을 주고 왔다. 그러니까, 이 글의 활자 사이에는 책상 반경 10미터 내에서 일어나는 모든 일이 담겨 있다. 뜨개질은 공기와 함께 뜨는 것이라는 영화 〈안경〉 속 대사처럼 이 글은 집 안팎에서 일어나는 일들과 함께 한 줄 한 줄 썼다. 실은 지금까지 내가 쓴 모든 글이 늘 그런 편이었다. 직업적 글쓰기 습관은 아니고, 글을 제외하더라도 나는 세상과 단절될 때 불안감을 느끼는 편이다. 비행기를 탈 때나 영화관에 들어서며 휴대폰을 꺼둘 때면 조금 초조한 기분이 든다. 어릴 땐 만화책을 보지 못했을 정도다. 만화책에 푹 빠져 읽다 보면 주변을 잊고 아무것도 안 들리는 상태가 되곤 하는데, 그 상황이 되는 게 두려웠다. 학창 시절 시험 기간이면 집에서 집중이 안 된다며 독서실에 가기도 했는데, 언제나 후회를 했다. 소음이 차단되고 사방이 막힌 곳에서는 오히려 집중이 안 되고 졸음이 쏟아지곤 했다. 딴생각도 함께 쏟아졌다. 독서실을 나서면 이미 지불한 이용 요금을 버리는 건데…. 심각하게 고민하다 돈과 시간 모두 버리느니 돈만 버리자며 비장하게 결단을 내리고는, 들어간 지 한두 시간 만에 결국 독서실을 뛰쳐나오곤 했다. 그 시절 가장 집중이 잘되던 곳은 학교 도서관이었다. 여섯 명이 둘러앉는 넓은 책상에 친구들과 함께 앉아 있을 때 학습 진도가 가장 잘 나갔다. 대학을 다닐 때도 열람실보다는 자료실에서 공부하는 게 좋았다. 자료실에는 책을 들고 들어가는 건 금지되어 있어서, 노트 한 권 들고 자료실에 가서 책이 빼곡히 꽂힌 서가 사이 넓은 책상에 앉아 시험공부를 하곤 했다. 같은 맥락으로 학교 앞 프랜차이즈 카페에서도 많은 시간을 보냈다. 아메리카노 한 잔 주문해 놓고 열심히 시험공부를 했다. 나만 그런 건 아니었는지, 주변에 학우들이 많았다. 언젠가 어머니가 카페에 오셔서는 깜짝 놀라며 "여기는 너네 대학교 도서관이니?"라고 물은 적이 있었을 정도다.

방문을 닫지 못하는 이유

매일 직장으로 출근하는 사람들은 동의하지 않을 수도 있지만 집에서 일을 하려면 제법 부지런해야 한다. 내 경우를 예로 들자면, 일단 매일 아침 8시쯤 일어나고, 일어나자마자 아무리 귀찮아도 집 안 청소를 한다. 빨래를 하고, 어제 설거지해 둔 그릇을 모두 찬장에 옮겨 넣는다. 방금 전까지 누워서 자던 곳을 일터로 만들기 위해서 아무리 귀찮아도 이부자리를 정리하고, 변기를 닦는다. 집 안 청소가 아니고 직장 청소인 셈이고 그러니 업무의 일환이라고 봐도 과언이 아니다. 지금은 프리랜서로 글을 쓰고 있지만, 그 전에는 꽤 오래 회사원으로 살았다. 회사에 다닐 때는 미처 몰랐는데, 회사는 이 모든 과외 업무를 대신해 준다. 출근하면 항상 깔끔한 사무실이 나를 맞이했고, 화장실은 언제나 반짝거렸으며, 쓰레기통은 비워져 있었다. 구내식당에는 5대 영양소가 골고루 포함된 음식이 매일 다르게 준비되어 있었다. 심지어 출퇴근 버스도 있었다. 회사라는 울타리 속에서 당연하게 존재하던 것들을 내가 스스로 해야 한다. 나 말고는 대신해 줄 사람이 없다. 마음이 지칠 때면 이 모든 과정이 지겹다는 생각이 들기도 하지만 다름 아닌 내가, 다른 사람이 아닌 나를 위해 하는 일이라는 걸 인식할 때면 종종 짜릿하기도 하다.

만일 방 하나 정해두고, 그곳을 일터이자 작업실로 활용했다면 모든 게 좀 수월했을지도 모른다. 말하자면 방문만 닫으면 될 텐데, 나는 안타깝게도 방문을 닫을 수 없는 사람이다. 버지니아 울프가 말한 '자기만의 방'은 나에겐 무용지물이다. 여기까지 쓰다 깨달았다. 이게 내가 훌륭한 베스트셀러 작가가 되지 못한 이유인가? 음, 예전에 비슷한 생각에 사로잡혀 작업실을 만든 적이 있다. 집에서 차로 30분 정도 가면 되는 곳에 내 작업실을 만들고 썩 괜찮은 환경을 조성해 두었지만, 자주 가지 않았다. 이 추위에, 이 더위에, 이 좋은 날씨에 집에 고양이를 혼자 두고 나만 멀리 가서 글을 쓰고 있는 게 말이 안 됐다. 집이 훨씬 따뜻하고, 시원하고, 화장실도 쾌적하며, 먹을거리도 바로 꺼내 먹을 수 있는데, 고양이도 있는데, 나는 왜 여기 앉아 있나 하는 생각이 들면, 당장 차에 시동을 걸고 다시 집으로 왔다. 아, 역시 고양이의 존재는 함께 있든 아니든 작업에 방해가 될 뿐인가.

하지만 그 와중에 몇 권의 책을 썼고, 산만한 환경 속에서 계속 다양한 방식으로 글을 쓰고 있다. 십여 년 전에 출간된 나의 첫 책은 식탁에서 쓰였다. 회사를 그만두고 새로운 일을 도모해 보고자 하던 때였고, 그때 내가 할 수 있고 하고 싶고 해야 했던 일은 글을 써서 책으로 내는 일이었다. 외출을 거의 하지 않고 아침부터 저녁까지 식탁에 앉아서 글을 썼다. 그렇게 한 권 분량의 책을 써서 출판사에 투고했고, 운이 좋게도 첫 책을 낼 수 있었다.

이 이야기는 처음 하는 것 같은데, 그때 난 자존감이 바닥이었다. 내가 굉장히 쓸모없는 인간인 것처럼 느껴졌다. 회사를 그만둔 작가 지망생일 뿐이고, 빼곡히 글을 쓰고는 있었지만, 이 글을 다 쓴다 하더라도 책으로 나올 가능성은 매우 낮았다. 그래서 글을 쓰면서 동시에 무얼 했냐면, 곰탕을 끓였다. 쓸모 있는 일을 하고 싶어서, 예나 지금이나 라면만 겨우 끓이는 내가, 마트에서 사골을 사다가 커다란 솥에 넣고 끓이고 또 끓이고 식히고 기름을 걷었다. 식탁에 앉아 글을 쓰는 중간중간 자리에서 일어나 곰탕 국물을 확인했다. 곰탕을 끓이듯, 쓰고 지우고 쓰고 수정하고 또 썼다. 그때 내가 끓여낸 건 곰탕이 아니라 내 자존감이었을지도 모르겠다.

나를 위한 하루

어제 잠자리에 들며 내일 써야 할 글을 머릿속에 미리 그려두었다. 그리고 오늘 아침 '아, 좋은 아침이다.' 웃으며 눈을 떴다. 콧노래를 흥얼거리며, 조금 전까지 집이었지만 이제 곧 일터가 될 곳을 정리했다. 아침부터 막 기분이 좋아서 그랬던 건 아니고, 기분이 좋아지고 싶어서 그랬다.

사실, 일하는 주변 환경의 정돈보다 중요한 건 내 기분이다. 기분이 좋아야 마음이 따뜻하게 데워지고, 그래야 세상을 향한 시선이 너그러워진다. 그때 비로소 글을 쓰기 좋은 상태가 된다. 내 경우는 그렇다. 나는 평범한 인간이라 기분이 태도가 되지 않기가 무척 어렵기 때문에 좋은 태도로 글을 쓰려면 우선 좋은 기분을 만들어야 한다. 반드시 그렇다. 종종 글 쓰는 것보다 좋은 기분을 만드는 데 더 오랜 시간이 걸리기도 한다. 오늘도 일할 분위기를 부지런히 조성하고 마음을 다잡고 책상 앞에 앉았지만, 예상치 못한 험한 뉴스에 날카로운 공격을 당했고, 업무와 상관없는 커뮤니케이션 때문에 에너지를 낭비해야 했다. 수시로 이어지는 가족들의 연락도 집중을 방해했다. 크고 작은 분노가 차올라 잠깐 키보드를 던지고 그만 쓸까 했지만, 그러는 대신 고양이를 안고 잠깐 소파에 누워 있었다. (이쯤 되면 고양이는 작가의 필수품 아닌가요? 아, 물건이라는 얘긴 아니고요.) 따뜻한 물을 마시고, 좋은 음악을 듣고, 달콤한 디저트를 꺼내 데워 먹었다. 그렇게 나를 살살 달랜 다음 이 글을 마저 쓰고 있다. 내 기분 관리하는 일에 이제 조금 익숙해진 것 같다.

누군가는 뭘 그렇게까지 하나, 할 수도 있다. 무슨 대단한 글을 쓴다고, 글 하나 쓰기 참말 어렵네, 할 수도 있다. 언젠가 친구가 너는 너무 가족의 기분을 맞추려 애쓴다고 말한 적이 있다. 그 모습이 억지스러워 보이기도 한다고 했다. 만일 그때 내가 그렇게 보였다면, 가족이 아닌 내 기분을 맞추는 중이었을 거다. 분명 마감 시즌이었을 거야. 함께 사는 가족의 가벼운 한숨 소리 하나에 한 시간 치 글 쓸 기분이 날아가기도 한다. 방금도 그럴 위기가 있었고, 서둘러 잠깐 고양이를 쓰다듬고 왔다. 그러니까 모두 나를 위한 것. 아니 내 글을 위한 것. 아니 아니 나를 위한 것.

본격적으로 글 쓰는 생활을 시작하면서 나는 이전보다 조금 착해졌다. 예민하고 까다로운 사람이 다정하고 편안한 글을 쓰려면 부단히 삶을 아름답게 가꾸는 수밖에 없었다. 아름답게 가꾼 삶이 내 글에 영향을 주었고, 그 글이 다시 나의 삶에 영향을 주었다. 아마도 앞으로 사는 내내 삶과 글이 서로 영향을 주고받고 살게 될 것 같다. 나는 방문을 닫고, 세상과 단절한 채, 주변을 잠시 잊고, 오로지 나 자신에게 집중하며 명작을 쓰는 작가는 영영 될 수는 없겠지만 적어도 지금 쓰는 이 글이 나를 좀더 나은 모습으로 살게는 한다. 그렇다면 유명 작가가 되지 않아도 괜찮은 거 아닌가. 베스트셀러 작가보다, 자신의 삶을 아름답게 이끈 작가가 더 성공한 작가 아닌가. 뭐, 그런 생각을 하면서 내 기분을 좋게 만들며 이 글을 아름답게 마무리한다. 덕분에 오늘도 좋은 하루였다.

기본을 발견하는 사람

《나만의 기본》

회사에서의 중요한 일을 그르친 날이었다. 카페에 앉아 바싹
마른 목을 축이기 위해 마신 커피는 무지 썼다. 커피마저 나한테
왜 이러는 거야? 눈썹 사이를 한껏 좁힌 채, 머리카락을 두어 번
쥐어뜯었다. 딸랑, 맑은 종소리가 울리며 누군가 들어왔고 나와
잠시 눈이 마주쳤다. 저 사람은… 내가 아는 그 사람인가? 어떻게
여기서 만나지? 신기한 마음에 슬쩍 볼을 꼬집어보는데 아픈지
모르겠다. 이게 꿈이야, 생시야. 잠시 후, 옆자리에 앉은 그에게
말을 걸었다. "혹시, 마쓰우라 야타로 씨 아닙니까?"

글 이명주   일러스트 추세아   자료 제공 인디고(굴담)

닮고 싶은
마쓰우라 씨

"젊은이들이 가장 닮고 싶어 하는 프로페셔널." 흔히들 그를 설명하는 말을 단 한 줄로 끝낸다. 긴말은 필요 없다는 듯. 먼 곳으로 가보고 싶어 고등학교를 중퇴하고 미국으로 건너간 마쓰우라 야타로는 그곳의 서점 문화에 매료되었다. 다시 일본으로 돌아와 '여행하는 서점'을 콘셉트로 오사카와 나고야, 교토 등을 넘나들며 트럭에서 책을 팔았다. 2002년부터는 오래된 독립 서점 '카우북스COW BOOKS'를 운영한다는 점, 70여 년의 역사를 지닌 잡지《생활의 수첩暮らしの手帳》을 비롯하여 다수의 매체에서 편집장을 지냈다는 점도 그가 걸어온 길에 방점을 찍는 이력이 되었다.

하지만 그를 설명하는 말이 한 줄로 끝나게 된 것은 이력 따위 때문이 아니다(이후의 것을 강조하여 말하고 싶을 뿐, 실은 무척 대단한 이력인 걸 알고 있다). 마쓰우라 야타로는 일과 일상의 기본을 지키는 사람이다. 자신이 입고 먹는 것, 생활하는 공간과 일하는 공간, 업무를 처리하는 방식에서 '나다움'을 발견하는 사람이다. 이를 테면 '한 가지에만 집중하기', '시간과 노력 안에 숨은 재미를 발견하기'부터 '말하기 전에 듣기', '깨끗하고 단정하게', '조용하고 침착하게' 등 말은 쉽지만 실천은 까다로운 것들을 기본 생활 태도로 세워 지킨다. 그에 따르면 누구나 알고 있는 사실에 모두가 원하는 것, 모두가 알고 싶은 것이 들어 있다고. 단순한 명제를 특별한 가치로 받아들이는 태도야말로 그가 가진 보석이다. 그러니 어느 누가 닮고 싶지 않으랴.

아차, 생각이 길었다. 깔끔한 셔츠를 입은 그는 가방을 의자에 가지런히 두었다. 쉬는 날엔 재킷 안에 소지품을 넣고 빈손으로 다닌다고 하니 아마도 업무 중간에 온 모양이다. 천천히 고개를 끄덕이며 나의 눈을 바라보던 마쓰우라 씨는 이내 나의 머리를 본다. 아차차, 방금 머리를 쥐어뜯었지. 옅은 웃음과 함께 무슨 일이 있었느냐는 물음이 돌아왔다. 손으로 빗질하던 나는 오늘의 실패에 대해 말했다. "회사의 주력 상품에 대해 기획안을 제출해야 했어요. 아, 먼저 인사가 늦었습니다. 제 이름은 J입니다. 어쨌든 기획안을 맡겠다고 나섰지만 기한 안에 마치지 못해서 팀원과의 불화가 생겨버렸어요. 도미노처럼 할 일이 불어나다 보니 자꾸 이런 실수를 하네요."

기본을 고르는
마쓰우라 씨

우리가 매일 겪는 실패는 영 지루한 것들이라, 듣는 이는 가벼운 답 또는
쉬운 공감을 보내곤 한다. 나 역시 그것을 기다리며 덧붙였다(마쓰우라 씨의
진지한 얼굴에 머쓱해진 탓도 있다). "물론 기한 안에 할 생각이었습니다만….."
마쓰우라 씨는 좀 전처럼 고개를 끄덕였다. "'할 생각이다'라는 말은 개인적인
생각에 지나지 않습니다. 기껏해야 '이랬더라면 좋을 텐데' 하는 애매한
소원에 불과합니다." 엎질러진 물이라면 깨끗하게 인정하는 것이 "스스로에게
부끄럽지 않기 위해 필요한 마음가짐"이란다. 조금 따갑지만 마쓰우라 씨는
나의 잘못을 무심하게 탓하는 것이 아니다. 사건이 발단과 전개를 넘어 위기로
나아가기 전, 동료들에게 솔직하게 양해를 구했다면 앞으로의 과정을 함께
논할 수 있었을 테니까. 내가 나의 업무량을 진작에 제대로 파악했다면 여력이
부족한 일도 맡지 않았을 테다.
일의 성사를 요리에 비유하곤 하는 마쓰우라 씨는 좋은 재료를 구비하기 위해
채소 가게를 살피듯, 사람간의 관계망을 구축하는 것도 중요하다고 말했다.
"동료와의 약속을 지키는 것이나 인사를 제대로 하는" 등 일상의 태도가
관계망을 탄탄하게 만들어준다며, '지금이다!' 싶은 찰나의 호의는 쓸모가
없다고 꼬집었다. 그렇게 소재를 다 모았다면 조리 도구와 조미료를 배치하듯,
책상과 업무 도구를 정리한다. 도구는 아무래도 상관없다는 마음 대신,
쓰는 이와 잘 맞고 선호가 닿는 것을 선택하면 된다고. "일하는 자세는 사소한
것에서부터 드러납니다. 작은 일을 소홀히 여기고 대충 하는 사람이 중요한
업무를 잘할 수는 없어요." 서랍에 던져넣은 무뎌진 가위와 오래되어 겉면까지
끈적이는 테이프가 약 올리는 듯 떠오른다. 말도 안 되지, 그걸로 어떻게 대단한
요리를 만든담.
마쓰우라 씨에게 일의 기본이란 '고르는 것'과 같다. 기본이라 여겨지는 것을
전부 끌어안기보다, 나를 중심에 두고 나와 결이 닮은 가치를 골라내어 지키고
있다. 어떤 상황에서도 온전히 자기 자신으로 존재하기에, 흔들리지 않고
단단해 보인다. 그는 목소리를 낮추더니 말한다. "이건 비밀 작전인데, 업무상
무리한 부탁을 할 때 나는 대부분 꽃다발을 들고 찾아갑니다." 잠시만, 회사에서
꽃다발을 안은 마쓰우라 씨라니. 이건 조금 웃기잖아!

심플하게 사는 마쓰우라 씨

카페 점원이 내가 앉아 있는 테이블에 마쓰우라 씨의 케이크와 찻잔을 올려두고 돌아갔다. 함께 대화를 나누니 일행인 듯 보였나 보다. 이윽고 초면인 사람과의 길어진 대화가 불편하지 않을까 싶어, 조심스레 눈치를 살폈다. 그런 기색이 전혀 없는(혹은 연기마저 뛰어난 걸까?) 그는 자신의 테이블을 내 쪽으로 좀더 붙였다. 찻잔을 들어 몇 모금 마시기도 했다. 손목시계를 보니 어느덧 오후 3시 15분. 마쓰우라 씨는 아무리 바빠도 오후 3시쯤 차와 간단한 간식을 곁들여 쉬는 시간을 보낸다더니, 그것마저도 사실이었다. 문득 그가 왜 일과 생활의 기본을 두는지 궁금해졌다. 기본의 존재가 누군가에게는 꽤 깐깐한 규칙일 수도 있으니까. "기본이라는 건 매우 심플합니다." 마쓰우라 씨는 다시 차 몇 모금을 마셨다. "무엇을 입고 먹고 생활하고 어떻게 일을 하느냐가 나를 규정하는 모든 것이 될 수 있습니다."

마쓰우라 씨의 말을 따르면 기본을 찾는 것은 '나다움'을 발견할 수 있는 방법이다. 그 역시 20대 시절에는 "나다움 같은 건 조금도 없었"단다. 나보다 타인의 시선을 살폈기에 시답잖은 겉치레만 가득했고, 매일이 피곤했다. 피곤하지 않으려면, 즉 나의 삶을 살고 싶다면 내가 무엇을 좋아하고 싫어하는지 확인하는 과정이 필요했다. 멋있다고 느껴지는 누군가의 태도를 전부 따라 해보기도 했다고. 자신이 어떤 인간인지를 알았다면 이후에 "자신의 취향을 발견하고, 생활 속 자신만의 기본으로 삼는 것이야말로 나다움"이다. 이게 나다운 건지, 나다운 것의 둔갑을 한 건지 "마구 뒤엉킨 실타래 같은 생각"을 차근차근 풀어나가다 보면 막막한 문제가 주어졌을 때도 자신의 기본을 잃지 않을 거라며, 마쓰우라 씨의 눈이 반짝 빛났다. 그렇다면 나, 이제부터 마쓰우라 야타로처럼 살면 되는 거 아닐까? 아뿔싸, 속마음이 입 바깥으로 튀어나왔다!

소리 내어 웃던 그는 곧 나의 이름을 불렀다. J씨, 이야기의 "목적은 기본에 대한 답이 아닙니다. 한 사람의 기본을 예로 들어, 나의 기본은 어떤 것일까 하고 곰곰이 생각하며, 그것을 출발선으로 삼아"주길 부탁하는 거라고.

잠시 뒤, 앉은 이의 흔적은 말끔히 사라졌다. 가방이 앉아 있던 의자도 제 자리로 들어갔다. 오늘의 만남은 꿈일까, 생시일까. 아무래도 좋지. 완벽히 완성된 그림 대신 빈 종이와 연필을 받아든 기분으로 나는 천천히 고개를 끄덕였다. 기본을 발견하는 사람과의 선명한 대화를 곱씹으며.

Book—《나만의 기본》 마쓰우라 야타로 지음, 음, 최윤영 옮김 | 월북 (품절)

작업실이 사라졌다. 공간이 자리하던 곳엔 적막만이 감돈다. 하지만
그곳에 새겨진 기억의 발자국은 분명하고 확실하다. 지워질 수도, 바래질
수도 없는 흔적을 찾아 사라진 작업실에 남은 이야기를 어루만져본다.

희미해질 수 없는 이야기

에디터 차의진

자료 제공 로컬플리커, 네이버문화재단, B급사진, 정지현

시계방이 남긴 것

예지동 시계골목 1960—2022

"예지동 상가에 자리 잡고 있는 점포 수는 1천여
개에 달하고 있는데…. (중략) 시계골목에는 요즘
젊은이들이 즐겨 착용하는 레포츠 시계에서부터
예물용 손목시계, 탁상시계, 괘종시계 등에
이르기까지 「시계」라는 말이 붙은 제품이면
무엇이나 다 갖추어져 있다."

「예지동 시계, 귀금속도매상가—국내 최대 예물 상가」
중앙일보 1994.12.18

서울 종로구 세운상가와 광장시장 사이. 이 오래되고 소박한
동네에 반세기 넘게 시계를 고쳐온 장인들이 모여 있었다.
사람들은 이곳을 '예지동 시계골목'이라고 불렀다. 시계
수리공들이 이곳에 자리를 잡은 건 1960년대. 한국전쟁
때 폭격으로 예지동에 공터가 생기자, 생계를 위해 시계를
고쳐온 전쟁 피난민과 이주민은 예지동으로 향했다.
손목에 시계는 필수였던 시대, 이곳을 찾는 발걸음은

끊이지 않았다. 결혼 예물을 준비하는 신혼부부들도
반드시 예지동을 찾았다고 하니, 70년대 후반 이곳의 좁은
골목이 얼마나 번잡했을지 그려진다. 전국 어디에서도
고칠 수 없는 시계가 가장 마지막으로 도착하는 곳이
예지동이기도 했다. 장인들의 손을 거치면 낡고 병든
시계도 다시 힘차게 째깍거렸다.

문전성시를 이뤘던 작업실이 한산해진 건 삐삐와
휴대전화가 등장하면서부터다. 기술의 발전을 마주하며
예지동 골목을 찾는 발길도 뜸해졌다. 그렇게 이곳은
세월의 흔적을 간직한 공간이 됐다. 오래된 동네 앞에는
항상 재개발이라는 거대한 세 글자가 등장하는 법이던가.
예지동에도 재개발은 모습을 드러냈다. 사업이 시작되면서
장인들은 가게 문을 임시 사업장인 세운스퀘어로 터전을
옮겼다. 거리를 채웠던 그들의 작업실은 이제 역사 속으로
사라졌다. 예지동의 시간은 멈췄지만, 장인들이 고친
시계는 지금도 여전히 흐른다.

예지동 작은 발표회 전시(2020), 〈원본 기술의 방〉, 이정은 ⓒ정지현

A. 서울시 종로구 종로4가, 청계4가 일대

꿈꾸는 네모 상자

네이버 온스테이지 2010─2023

깜깜한 공간에 네모 상자가 놓여 있다. 조명이 켜지자, 음악과 함께 무대가 시작된다. 이 네모난 무대에서는 무엇이든 가능하다. 인형 옷을 입고 노래를 불러도, 휠체어를 타고 춤을 춰도 된다. 예술가들이 자유롭게 노래할 수 있는 이곳은 '네이버 온스테이지'다. 슬로건 "숨은 음악, 세상과 만나다"를 내건 네이버 온스테이지는 네이버문화재단의 사회공헌 프로그램으로, 인디 뮤지션의 공연 영상을 선보여 왔다. 네모 상자로 상징화된 무대는 어떤 뮤지션, 어떤 음악이든 환영한다. 유튜브가 크게 성장하던 시기와 맞물려 온스테이지에서 제작한 영상의 파급력도 강해졌다. 국악 밴드 '이날치'도 이곳에서의 무대로 크게 이름을 알렸다. 현재는 크게 성장한 인디 뮤지션들의 과거도 차곡차곡 쌓여 있다. 인디 뮤지션들의 명함과도 같던 온스테이지는 지난해 페퍼톤스의 '행운을 빌어요' 무대를 마지막으로 서비스를 종료했다. 온스테이지가 시작한 이후 다양한 라이브 영상 플랫폼이 생겼고, 누구나 영상을 공유할 수 있는 시대이기에 온스테이지는 맡은 소임을 다했다는 설명이었다. 하지만 지난 13년 동안 온스테이지가 걸어온 길은 새로 생겨난 영상 속 무대들과는 사뭇 다르다. 온스테이지라는 네모난 공간은 어떠한 상상도 실험도 독려했다. 장르도 연령도 불문하고 세상에 알려져야 하는 음악, 기록할 가치가 있는 음악이면 누구든 환영했다. 꿈의 작업실. 그 자유롭고 독창적인 공간을 이렇게 호명해 본다.

> "오 그대 작은 별이 되기를 / 망설였던 나의 서툰 노래 이젠 할 수 있어 / 행운을 빌어줘요 웃음을 보여줘요 / 눈물은 흘리지 않을게, 굿바이 / 뒤돌아 서지마요 쉼없이 달려가요 / 노래가 멈추지 않도록 / 수많은 이야기 끝없는 모험만이 / 그대와 함께이길"

온스테이지 마지막 무대. 페퍼톤스, '행운을 빌어요' 중에서

ⓒ 네이버 온스테이지

사라진 단관 극장

원주 아카데미극장 1963—2023

1960년대 강원도 원주. 원도심에 위치한 평원로에는 극장 네 곳이 차례로 생겨났다. 원주극장(1956년), 시공관(1962년), 아카데미극장(1963년), 문화극장(1967년). 한 영화관 안에 여러 상영관이 있는 지금과는 달리, 모두 스크린 하나만을 둔 단관 극장이다. 소박한 이 공간들은 저마다의 이름과 모습을 갖추고 원주 시민을 반겼다. 텔레비전도 대중화되기 전이었기에, 평화로운 주말 이곳을 찾는 기쁨은 얼마나 컸을까.

극장들은 원주 시민의 문화생활을 책임졌으나 시대의 변화로 하나둘 스러졌다. 1990년대부터 여러 상영관을 갖춘 멀티플렉스가 등장하면서부터다. 네 극장 중 하나인 아카데미극장으로 향하는 발길도 끊겼지만, 아카데미는 60년 동안 굳건히 평원로를 지켰다. 국내에서 유일하게 남은 단관 극장이었기에 한국 극장사에서 큰 의미가 있는 공간이었다. 원주 시민들은 극장과 함께한 세월을 안고,

극장의 문화적 가치를 마음에 품고 이곳을 보존해 왔다. 그러나 이제 아카데미극장은 없다. 미래에 이곳은 원도심의 주차난을 해소하기 위한 주차장과 야외 공연장 등으로 바뀔 계획이다. 원주시의 결정을 되돌리고자 시민들이 오랫동안 노력해 왔지만, 결국 극장은 부서졌다. 효율과 편리가 고개를 들면, 그 자체로 중요한 것들은 늘 한발 물러나야만 하는 걸까. 아카데미극장이 사라진 자리엔 공간이 남긴 목소리가 맴돈다. 소중한 것은 지켜야만 한다고.

"오래된 것으로부터 시간의 결을 느낄 수 있어야 해요. 역사라는 숫자에 우리는 감동할 수 있어야 하고 그 속에서 펼쳐진 사건과 사물에 감정 이입할 수 있어야 다시는 아카데미와 같은 소중한 것을 잃지 않을 거로 생각해요."

《아카데미극장》 리듬그래퍼 양태석의 인터뷰 중에서

왼쪽부터 시계방향으로 상영관, 영사실, 극장 외부 모습. ⓒ로컬플리커, 사회적협동조합 모두

Interview Collections

나만의 작은 우주에서

널찍한 유리창이 건물을 빙 두른 을지로의 한 현상소. 좁은 계단을 올라 문 위에 새겨진 글자 앞에 마주 섰다. "망우삼림 ; 나쁜 기억을 잊게 해주는 망각의 숲." 문 너머에 펼쳐진 작업실 풍경은 바깥에서 쌓은 기억을 잠시 잊을 만큼 독특하고 신비롭다. 윤병주 대표가 이곳에 채운 건 어설픈 화려함도, 성급한 욕심도 아닌 있는 그대로의 자신이었다. 현상소 바로 위층에 꾸린 새 공간, 20세기 인쇄사무실에서 그와 함께 솔직해져 보기로 했다.

솔직함을 채우는 방
윤병주—망우삼림·20세기 인쇄사무실

에디터 차의진
포토그래퍼 김혜정

현상소 망우삼림에서 바쁘게 작업하시는 모습을 종종 봤어요. 대표님과 이야기를 나누는 건 처음이에요.
반갑습니다. 사진작가로 활동하다 지금은 현상소를 운영하는 윤병주입니다.

사진과는 어떻게 시작된 인연이었나요?
스물일곱에 사진과에 입학했어요. 미술 관련된 일을 하고 싶었는데, 여러 일들로 상황이 여의치 않았거든요. 늦게나마 꿈에 도전해서 학교에서 사진을 공부하게 됐어요. 남들보다 늦게 시작했지만, 좀더 빨리 데뷔해 작가로 왕성하게 활동했죠. 하지만 그것만으로는 생계가 어려워서, 제가 가진 기술로 어떤 일을 하면 좋을지 고민하다 현상소를 차렸어요.

사진 관련한 일 중에서도 현상을 선택하신 이유가 있나요?
사진이 아닌 일로 생계를 이어가다가 결국 그만두는 선배들이나 친구들을 봤어요. 하지만 제가 찍고 싶은 작품이 아닌, 남들이 요구하는 사진을 찍는 일도 굉장히 힘들더라고요. 여기 망우삼림이 처음엔 스튜디오를 겸했는데, 필름 현상만으로도 가게를 운영할 수 있게 됐을 때쯤 스튜디오를 없앴어요.

망우삼림 이전에도 현상소를 경험하신 적이 있나요?
대학교와 대학원을 다니며 각각 1년 동안 사진관에서 일했어요. 동네 사진관 같은 곳이었는데, 거기서 많은 걸 배웠어요. 제가 아는 사진적 지식과 손님을 맞이하는 건 다른 문제더라고요.

그때의 경험이 현상소를 차리는 데 큰 영향을 미쳤던 걸까요?
찍고 싶은 걸 찍으려면 경제적 뒷받침이 필요하다고 생각했어요. 마침 사진관에서 일하며 필름 사진 수요가 늘어나고 있다는 걸 알았죠. 전보다 작업량이 늘어서 사진관 사장님이 관련 기계도 늘리셨거든요. 현실적인 측면과 필름에 대한 비전이 복합적으로 얽히면서 현상을 선택한 것 같아요.

자연스럽게 당도한 현상이었는데, 독보적인 공간을 만드셨어요.
이렇게 많은 분들이 망우삼림을 알게 되실 줄 전혀 몰랐어요. 큰돈 들이지 않고 만든 곳이었거든요. 그때 마침 여유 자금도 약간 생겨서, 저와 친구들 세 명이서 망치 들고 여기를 직접 수리했어요. 하나부터 열까지 남의 손을 빌린 게 하나도 없어요. 페인트칠까지도요.

손수 이곳을 꾸미실 때 지향하셨던 점도 있었겠지요.
그건 아주 분명했어요. 남들이 하지 않는 것이요. 저는 미술을 했기 때문에 따라 하는 것에 대한 두려움 내지는 강박이 있어요. 그래서 망우삼림을 만들 때도 현상소 하면 떠오르는 전형적인 이미지를 탈피하고 싶었던 거예요. 그렇게 이곳을 꾸리고 나니 그 생각이 더 확고해졌어요. 이곳과 비슷한 공간이 정말 많이 생겨나더라고요.

대표님만의 공간을 떠올리며 현상소를 만드셨을 텐데, 속상하셨겠어요.
조금 실망스러웠다고 해야 할까요. 이곳을 만들면서 제 안의 솔직함을 끄집어내고 싶었어요. 인테리어든 손님을 대하는 방식이든 처음이라 서툴고 부끄러운 부분들도 물론 있었어요. 하지만 저 자신에게 부끄럽지 않은 건 솔직했다는 점이에요.

대표님은 나다움, 떳떳함을 추구하시는 분 같아요.
이곳에는 남미도 있고, 일본도 있고, 홍콩도 있어요. 제가 좋아하는 것들로 자취방 꾸민 듯이 해 놓은 것뿐이었어요.

현상소를 을지로로 정한 이유도 궁금해요.
장사를 하겠다고 마음먹고 나서는 서너 달 동안 집 밖을 못 나갔어요. 생업에 뛰어들고 나면 사진 작업을 영영 못하게 될까 봐 두려움이 정말 컸죠. 그때 대학원 석사 논문을 써야 했는데 작업도 잘 나오지 않았고요. 우울증까지는 아니었지만 은둔생활자처럼 집 안에서만 지냈어요. 그런 저를 보고 을지로에서 바리스타로 일하던 친구가 그러더라고요. 그러다 죽는다고. 커피 내려줄 테니 을지로로 나오라고.

힘든 시간이었을 것 같아요…. 그때 을지로에 가셨나요?
정말 가기 싫었는데 그 친구에게 진 빚이 있어 가겠다고 했어요. 친구가 을지로3가역 8번 출구로 나오라고 했는데, 지하로 걸어 다니기 싫어 지금 망우삼림이 있는 11번 출구로 나왔죠. 그런데 출구 바로 앞 건물에 '임대'라고 써 있는 거예요. 가게를 하긴 해야겠는데 하기 싫은, 복잡한 마음이었죠. 여기 자리가 정말 좋은데 분명 비싸겠지 싶기도 했어요. 그래서 그냥 돌아가려고 했는데 마침 건물 2층이 부동산인 거예요.

그래서 부동산에 들어가셨나요?
돈 없어 보인다고 무시하면 어떡하나 두려운 마음을 안고 부동산 문을 열었어요. 그런데 들어가자마자 부동산 사장님이 저를 보시고는 바로 "안 돼요."라고 하시더라고요. 위치가 좋으니 젊은 사람들이 카페를

하겠다고 많이 찾아왔나 봐요. 그런데 여긴 원래 커피나 음식을 팔면 안 되는 곳이에요.

왜요?
건축 용도상 식당으로 쓸 수 없는 곳이었대요. 그래서 "저 그게 아니라 사진관 할 건데요….”라고 했죠. 그러니까 사장님 눈빛이 변했어요. 바로 공간을 둘러보게 해주셨는데, 정말 마음에 들었어요.

창이 넓게 트여 전망이 좋죠.
맞아요. 예상했던 것보다는 월세가 쌌지만, 제가 갖고 있던 자금보다는 비쌌어요. 그래도 '내가 그 정도도 마련 못 할까.'라는 생각에 충동적으로 계약을 했죠.

우와, 기적처럼 만난 장소였군요.
그때 저를 을지로로 불러준 친구 덕분이에요.

망우삼림 내부는 어떻게 지금의 모습을 갖게 됐는지도 궁금해요.
국민학교 4학년 때 부모님이 헤어지신 뒤 어머니 밑에서 자랐는데, 늘 혼자 지냈어요. 친구들은 학원에 가니 저는 하루 종일 집에서 텔레비전만 봤죠. 그때 거의 이동진 평론가급 '영화광'이었어요(웃음). 만화가 끝나면 볼 게 없어서 매일 비디오 가게를 들렀는데, 당시 유명했던 홍콩 영화를 많이 빌려 봤어요. 배우들이 너무 멋있었거든요. 그때부터 쭉 홍콩 영화를 좋아했어요.

홍콩 배우들 정말 멋지죠. 저도 참 좋아해요.
배우 양조위를 굉장히 좋아했어요. 초등학생이 뭘 안다고(웃음). 그분이 그런 매력이 있나 봐요. 수염도 양조위를 따라 스무 살 때부터 기른 거예요. 망우삼림을 이렇게 만든 건 '홍콩이 유행이라서, 예전에 좋아했던 기억이 떠올라서'가 아니라 어릴 때부터 좋아하는 마음이 쭉 이어져 왔기 때문이에요. 당시 집도 작업실도 그냥 망우삼림 자체였어요. 그 느낌을 좋아해 왔으니까요. 이곳을 꾸밀 때 다른 스타일을 생각할 여지가 없었어요.

대표님의 취향에 대해 더 듣고 싶어요. 이런 취향은 어디에서 출발한 걸까요?
여유로운 사람에게서 오는 느낌은 아니에요. 굉장한 부족에서 오는 욕망 같은 느낌이죠. 어릴 때부터 항상 결핍이 있었으니까요. 그래서 영화, 애니메이션, 만화책에 심취하게 됐고요. 남들이 만든 세계관이 아무도 없는 고요한 집에서 유일하게 저를 행복하게 했거든요. 이렇게 취향을 공간에 펼쳐 놓으니 남들이 보기에는 멋져요.

하지만 부러워할 만한 취향은 아니라고 생각해요.
한 개인이 살기 위해 찾았던 도피처니까요. 그런데
소장품을 모아 놓고 보니 저도 뿌듯하긴 합니다(웃음).

**이곳은 현상이 진행되는 치열한 작업실이지만,
취향이라는 도피처가 모인 이중적인 의미의 공간인 것
같아요.**
도피처로는 이미 끝났어요(웃음). 저도 이제 이곳에서
일한 지 6년이 됐거든요. 도피처는 다시 집이 됐어요.
3층 망우삼림은 전쟁터죠. 어제도 아침 7시까지 일했어요.
버티는 거 하나는 잘하거든요. 손님들이 아무리
몰려와도 쓰러지기 전까지는 일단 해보자는 마음이에요.
도피처라기보다는 삶의 현장이라고 할 수 있겠네요.
이제는 4층 20세기 인쇄사무실이 도피처인데, 여긴 잘 못
올라와요. 음악도 틀고, 손님들과 이야기도 나누고 싶은데
아직까지 여유가 없어요.

**공간을 꾸밀 때 대표님의 취향과 고객의 시선 사이에서
고민은 없으셨나요?**
편하게 이야기하면 '알게 뭐람.' 이런 마음이었어요(웃음).

어머(웃음).
그 마음을 유지하고 싶지만, 지금은 사람들 시선을 많이
신경 쓰죠. 방송인들도 처음엔 자연스럽게 행동하다가
유명해지면 조심스러워지게 되잖아요. 마찬가지로 나중에
생긴 4층은 어느 정도 남들의 시선을 고민한 흔적이 남아
있어요. 최대한 신경 쓰지 않는 척하려고 했지만요.

4층보다는 3층을 좀더 자유롭게 꾸미셨군요.
3층 망우삼림은 자취방 꾸미듯 제 마음대로 만들어간
공간이에요. 위대한 공간을 만든 건 아니에요. 성수동
같은 곳에 가면 유명한 디자이너들이 만든 멋있고 화려한
공간도 많죠. 여기는 소박하고 거친 느낌으로 꾸미고
싶었어요.

**이곳을 찾는 분들이 망우삼림의 그런 편안한 느낌을
좋아하는 것 같아요.**
특별한 매력이 있죠. 그래서 그런지 손님들과 이야기도
많이 하게 돼요. 사실 현상 작업을 좋아한다기보다는
사람들 만나는 게 좋아요. 손님들이 소품들을 보고
"사장님, 이거 어디에서 샀어요? 이건 뭐예요?"라고
물어보시는데, 거기서부터 시작하는 대화가 즐거워요.

**이야기를 나누고 있는 4층 20세기 인쇄사무실에 대해 더
듣고 싶어요. 망우삼림 바로 위층에 자리하고 있죠.**

4층은 임대한 지는 3년이 됐지만, 그간 창고로만 쓰다가 작년 10월에 열었어요. 현상소를 운영하면서 손님들이 찍은 사진을 물성으로 소장하는 즐거움을 제공하고 싶다는 생각을 갖고 있었죠. 20세기에는 사진을 앨범에 저장했지만, 21세기에는 휴대폰에 저장하잖아요. 그건 재미없다고 느꼈어요. 그러다 티셔츠나 가방에 사진을 인화해 주면 어떨까 싶었어요.

단순히 티셔츠를 만들어준다는 개념으로 생각하면 간단해 보이는데, 현상소가 바로 아래층이라 더 특별하게 느껴져요.
티셔츠를 제작하는 인터넷 사이트는 많아요. 하지만 제가 찍은 사진을 누군가에게 줘버리는 느낌이에요. 하지만 여기는 3층 현상소와 4층 인쇄소가 연결돼 있으니, 현상을 한 뒤 인화하는 경험을 한 번에 줄 수 있겠다고 생각했어요. 엄밀히 말하면 프린트지만요. 프린트와 인화는 엄연히 달라요. 프린트는 층 위에 잉크가 얹혀 있지만, 인화는 그 층 안에 흡수되는 거예요.

4층에도 여러 소품이 보여요. 어떤 물건들인가요?
그동안 모아온 물건들이에요. 만지작거리지 못해 아쉬워요. 닦으면서 매일 '잘 있었니?' 해줘야 하는데.

우와, 평소에 소장품을 닦아서 관리하세요?
네. 저기 놓인 만화책도 비닐로 포장돼 있어요. 그런 관리 작업을 해줘야 해요. 저한테는 그게 일종의 취미예요.

소품들에서 공통적인 분위기가 느껴지는 것 같아요.
소품은 제가 좋아하는 80-90년대의 것들이에요. 당시엔 애플처럼 수려한 디자인의 제품도 있었지만, 저는 기계적이고 해체적인 물건이 좋아요. 쇠나 철 같은 것들이요. 그래서 모은 게 대부분 이런 종류예요. 저기 보이는 IBM 데스크탑, CD 플레이어, 사무실 책상들이요. 어떻게 모았냐고 물어보신다면… 그래서 돈을 못 모았다고 대답할게요(웃음).

80-90년대는 작가님의 유년 시절의 향수가 묻은 시대인 것 같아요. 그래서 그때 만들어진 작품을 좋아하시는 걸까요?
그렇죠. 그때는 환경에 대한 인식도 지금보다 현저히 낮은 때라 공산품이 다양하게, 많이 만들어졌어요. '생산 춘추전국시대'라고 해야 할까요. 지금은 휴대폰도 딱 두 브랜드로 귀결되는 세상이잖아요. 물론 환경에 여러 문제가 생기긴 했지만요.

3층과 4층 모두 작가님만의 작업실은 아닌, 많은 분들이 오가는 공간이기도 해요. 열린 작업실이랄까요. 손님들을 맞이하시면서 가장 기억에 남은 일이 있나요?
사실 잘 기억이 안 납니다. 워낙 많은 걸 좋아하다 보니까 빨리 포맷하고 다른 걸 머릿속에 넣어야 해요(웃음). 파편적으로 기억은 나지만, 저는 그냥 손님을 만나 이야기를 나누는 게 좋아요.

작업실 바깥에서는 어떻게 시간을 보내시는지 궁금해요.
3개월이나 6개월에 한 번 해외에서 사진 작업을 하고 와요. 그게 가장 큰 행복이에요. 평소엔 거의 집에 있으면서 물건들 먼지를 닦고요. 음악도 듣고, 영화도 보죠. 그렇게 평소에 비축해둔 에너지를 해외에서 무거운 장비를 들고 다니며 모두 소진해요. 참, 집에 고양이가 있어요. 집에서 고양이와 시간도 보내요.

작업이 몰려 망우삼림이 무척 바쁜 날이었다. 이야기를 마치자 현상할 것이 산더미라며 윤병주 대표는 망우삼림으로 다시 향했고, 나는 잠시 20세기 인쇄사무실에 머물렀다. 처음에 발을 들일 땐 그저 근사하게 느껴진 공간이었는데, 어떻게 이리도 달리 보일 수 있을까. 이곳엔 윤병주라는 사람이, 그가 느낀 감정이 가득했다. 커다란 창에 비친 을지로를 보며 잠시 생각했다. 한 사람의 세계가 깊이 스민 공간은 누군가가 급히 흉내내기엔 너무나도 아름답다는 걸. 앞으로 그가 이곳에 채워갈 것들이 궁금해졌다. 그리고 조용히 염원했다. 그를 웃음 짓게 하고 행복하게 만든 기억들이 이곳에 가득하기를.

붓 파는 이들이 모여든 인사동 필방 골목. 이곳에 자리한 필방만 해도 삼십여 개다. 이중에서도 백산필방은 붓 만드는 공방을 갖춘 유일한 필방이다. 공간의 주인, 서울시 무형문화재 전상규 필장을 만났다. 붓을 처음 배운 열여섯 살 때부터 지금까지, 60년 긴 세월을 신나게 이야기하는 그에겐 붓에 대한 열정이 가득했다. 즐거움을 동력 삼아 달려온 그에게서 떠나지 않는 단어는 '행복'이다.

행복이 흐르는 세월이라면

전상규—백산필방

에디터 차의진
포토그래퍼 김혜정

주변에 필방이 정말 많아요. 여기가 인사동 필방 거리라면서요?
맞아요. 제가 인사동과 인연을 맺은 지는 올해로 55년째예요. 처음에 인사동에 올 때는 하얀 신발을 신고 다녔어요.

하얀 신발이라면… 고무신을 말씀하시는 걸까요?
맞아요. 하얀 고무신이요(웃음). 전 시골 사람이었어요. 제가 열여섯 때, 붓으로 유명한 전라도 광주 백운동(물통골)에서 아버지 친구분이자 그 당시 최고였던 박순 선생님이 기술을 전수해주셨어요. 다른 사람은 제자로 안 받으셨는데, 상규라면 한번 가르쳐보겠다고 하셨죠. 처음엔 선생님 작업 준비만 해드렸어요. 붓 공방에서 키우던 개랑 저 뒤에 앉아 있다가, 선생님과 함께 밥을 먹고 선생님께서 산책하러 나가시면 붓을 한번 만져보곤 했죠. 그때는 월급이라는 것도 없었어요.

오로지 붓 매기만 배우면서 스승님 댁에서 지내셨던 거군요.
네. 그렇게 배우다 선생님이 "너 이 정도면 이제 밥 벌어먹겠다."며 나가보라고 하시더라고요. 그때쯤 일본에서 사람들이 박순 선생님 소문을 듣고 붓을 사러 왔는데, 제가 만든 붓을 사 가더라고요. 그 일로 독립하는 데 큰 용기를 얻었어요.

우연히 찾아온 기회였네요. 독립해 붓을 만드시면서 어려움은 없으셨어요?
나와보니 붓 거래처를 몰라서 붓을 팔 수가 없었어요. 실수도 있었고요. 붓털 가장자리를 호라고 하는데, 이 부분이 매끈해야 해요. 그런데 호가 삐뚤삐뚤했던 거야. 그래서 다른 사람들이 알겠나 싶어 가위로 끝을 싹둑 잘라버렸어요.

어머, 원래는 그렇게 하면 안 되는 거죠?
아이, 절대 안 되지(웃음). 인내심을 갖고 붓을 만들었어야 했는데…. 나중엔 지인들이 서울에 붓도 대신 팔아주기도 하고, 붓 공장에서 직원으로 일하기도 했어요. 그 붓 공장 큰딸이 지금 제 아내를 소개해 줬죠.

아내분과 처음 만나셨을 때의 이야기가 궁금해요. 더 들려주세요(웃음).
흰 고무신에 검은 가죽 잠바를 입고 선을 보러 갔어요. 붓을 만들다 보니 옷에 먼지가 굉장히 많이 붙어 있었고, 염소 털을 다루니 노린내도 나서 아내가 '이 사람은 아니.' 싶었나 봐요. 그런데 선이 잘 안 되니 지인들이

저녁마다 나를 놀리네. '그래, 그럼 내가 한 번만 더 본다.'는 마음에 다방에서 다시 만나서 대화를 했어요.

그때 아내분 마음이 바뀌었나요?
제 이야기를 있는 그대로 솔직하게 했어요. 저는 형제가 일곱이고 붓의 전망은 어떠한지… 그런 이야기요. 그때 아내가 살짝 마음이 흔들리는 것 같았어요. 그리고 다음 날 저를 찾아와서는 부모님이 결혼 승낙을 안 해주시는데, 자기 혼자 결정하겠다는 거예요.

우와, 선생님과 결혼해야겠다고 결심이 서셨나 봐요.
내가 좀 야무졌나 봐(웃음). 얼마 뒤에 장인어른과 장모님을 뵈러 갔고, 두 달 후에 결혼식을 올렸어요. 붓을 만드는 동시에 아내와 함께 농사지은 배추도 시장에 내다 팔면서 생계를 꾸려갔죠.

정말 고생하며 살아오셨군요…. 지금 공방이 있는 서울은 어떻게 오셨는지도 듣고 싶어요.
제 붓을 산 사람들이 누가 이 붓을 만들었나 하고 수소문을 했나 봐요. 서울에 있는 한 유명 필방에서 저를 찾아와 선금을 주고 붓을 만들게 했어요. 나중엔 서울로 올라오라고 해서 일을 시켰죠. 그렇게 붓을 열심히 만들며 자식들도 키우고, 우여곡절도 겪었어요. 결국 필방도 차리고, 서울시 무형문화재 백모필장도 됐고요. 호 '백산白山'도 그때쯤 지었죠.

'백산'은 무슨 뜻인가요?
제가 자라고 붓을 배운 '백운동'에서 '백'을, 광주 무등산에서 '산'을 땄어요. 무등산은 퍽 복스럽거든요.

호를 딴 백산필방은 어떤 공간인지 소개해 주세요.
백산필방에는 다양한 붓과 재료, 공구를 전시하는 소규모 박물관이 있어요. 여기서는 붓 매기, 붓글씨를 체험할 수 있어요. 질 좋은 전통 붓도 판매하고 있죠. 필방 한쪽에는 제가 일하는 붓 공방도 있고요.

선생님께서 소개하시는 붓도 궁금해요.
예전에는 국민학교에서 서예 수업을 할 정도로 붓을 친밀하게 여겼어요. 지금은 컴퓨터로 글을 쓰고 볼펜과 샤프를 쓰는 시대이기 때문에 붓을 접할 기회가 적어요. 붓은 장인의 정성이 들어간 표현의 도구예요. 서예붓, 한글붓, 한문붓, 민화붓, 사군자붓, 민화붓, 선붓 등 다양한 전통 붓이 있어요.

누구나 인정하는 무형문화재가 되셨는데 여전히 바빠

활동하시는 것 같아요.

전통 붓을 알리기 위해서 최선을 다하고 있어요. 일반인들에게 수업도 하고, 학교나 지방도 찾아가서 강의해요. 너무 즐겁고 행복하게 살고 있어요.

저도 선생님처럼 오랫동안 즐겁게 일하고 싶어요. 60년 동안 어떤 마음으로 일하셨어요?

욕심을 갖지 않고 일했어요. 붓 매기는 백 번 넘게 손이 가는 작업이에요. 한 번이라도 실수하면 좋은 붓이 되지 못해요. 마음을 비우고 꾸준히 만들었죠. 그리고 제 붓을 쓰는 분들을 완벽히 만족시키기 위해 노력했어요. 그래서 지금 이 자리에 있겠죠. 부족한 부분은 반드시 보완해야겠다는 자세로 늘 연구하며 지내고 있어요.

평생 한 가지 일만 해오시다가 이 분야 최고가 되셨어요. 꾸준히 일하고 싶거나, 전문가가 되고 싶은 젊은이들에게 알려주고 싶으신 것이 있나요?

예전과 달리 전문가가 되는 것이 시간적으로나 방법적으로 쉬운 시대예요. 하지만 진정한 전문가가 되기 위해서는 시간이 투자되어야 하죠. 시간은 배신하지 않아요. 무언가에 마음이 있다면 다른 것과 병행해서라도 지속해야 한다고 생각해요.

선생님은 붓에 온 힘을 쏟으셨죠. 한계를 느끼셨던 적도 있었을 것 같아요.

사실 한 번도 그런 적이 없어요.

와, 정말요?

제자들이 저를 보고 늘 하는 말이 있어요. 우리 선생님은 늘 즐겁다는 거예요. 저는 항상 즐거워요. 어쩌다 몸이 안 좋아서 일을 쉬면 건강이 더 안 좋아지는 것 같아요(웃음).

늘 즐겁게 일하시는 비결이 궁금해요. 제게도 알려주세요.

전상규 네. 잠깐 커피 한번 마실게요.

막내딸 (조심스레 입을 열며) 아빠의 인터뷰지만 제가 여기서 잠시 이야기를 해도 될까요?

그럼요!

막내딸 아빠는 공방에 나와만 계셔도 행복하다는 말씀을 진짜 많이 하시거든요. 한 분이라도 만나서 대화하는 게 너무 행복하시대요. 제가 보기에는 붓에 대한 열정이 일을 지속하게 만드는 원동력이 아닐까 하는 생각이 들어요. 저는 항상 존경하는 사람으로 아빠를 말해요. 한 가지 일에 열정을 갖고 끝까지 그 길을 위해 노력하고 계시고, 전수

교육도 힘드실 것 같은데 늘 즐겁게 하세요.

열정이 대단하세요. 공방에서는 손님들과 즐거운 시간을 보내시나 봐요.
손님이 들어오시면 붓을 충분히 구경하시게 하고, 궁금한 거 있으면 뭐든 상담하시라고 말씀드리죠. 그리고 우리 전통 붓이 얼마나 좋은지 보여드려요. 그럼 손님들 얼굴이 확 펴져요(웃음). 여기서 손님들을 만날 때 제일 행복해요.

삶에 즐거움이 넘치셔요. 작업실 밖에서는 어떻게 지내시나요?
제자들과 종종 차를 마셔요. 제 붓을 쓰는 선생님들을 만나 깊은 이야기도 나누고요. 식사를 안 하고 왔다고 하시면 같이 밥도 먹으러 가요. 그런데 우리 에디터 선생님이 식사를 안 했다고 하니 자꾸 걱정이 되네요(웃음).

제 걱정은 마세요(웃음). 가족들과 시간도 자주 보내신다고요.
일요일마다 손자들, 사위들까지 전부 모여서 외식을 해요.

우와! 대가족 모임이에요.
사람은 그렇게 십 분이고 열 시간이고 행복하게 사는 거예요. 행복을 가꾸면 주위에 있는 사람들도 항상 즐거워요.

붓 말고 다른 취미도 있으세요?
야구요. 퇴근하자마자 야구 보러 빨리 집에 가요. 이기면 잠이 빨리 오는데, 지면 잠이 덜 와요(웃음).

선생님이 마음을 크게 두고 계시는 전승 교육 이야기를 해볼게요. 어떤 마음으로 제자들을 가르치고 계세요?
요즘 인사동에 해외에서 저렴하게 만든 붓이 대량으로 들어오고 있어서 너무 안타까워요. 우리 전통 방식으로는 고급 재료로 완벽한 작품이 나올 때까지 정성을 다하는데 말이에요. 이런 상황에서 제자들에게 계속 전통 붓을 가르쳐야 하는지 회의감도 들었어요. 하지만 이럴 때일수록 제가 아니면 이걸 전승할 수 없다는 생각이 들어요. 기술에 사명감을 갖고 교육을 하고 있어요. '우리 것'의 소중함을 최선을 다해 알리려고 해요.

제자들에게 당부하고 싶으신 말씀도 들어보고 싶어요.
기술에 전념하면서 경제적으로 힘들었지만, 우리 것을 책임감 있게 지켜왔어요. 제자들이 우리 것을 계속 이어간다면 저는 더 바랄 것이 없어요.

여러 곳에서 강의하시면서 가장 기억에 남는 일도 궁금해요.
제일 행복했던 시간은 중국, 일본 학생들이랑 함께 붓도 만들고 붓글씨도 썼던 일이에요. 그때 학생들에게 붓을 기증했는데, 나중에 저를 찾아와 너무 고맙다고 했죠. 행복했던 일이 너무 많아요. 오늘 찾아와 준 것도 행복했어요.

제가 만나 뵐 수 있어 행복했는걸요.
그럼 이제 저랑 같이 식사하러 가시죠. 지금 영업하는 곳이 어디더라(웃음)….

전상규 필장과 인사동을 걸으며 많은 사람을 마주쳤다. 그의 필방에 자주 찾아오는 오랜 벗, 단골 식당 주인 같은 이들이었다. 그를 맞는 얼굴마다 환한 미소가 번진다. 손을 세차게 흔들며 반갑게 인사하는 그 앞에서 어떻게 웃음 짓지 않을 수 있을까. 경쾌한 발걸음을 따라가며 다음 날 마주할 나의 사무실을 떠올리며 다짐했다. '즐거움을 잊지 않을 거야!' 붓과 함께한 60년 세월 동안 그가 등에 이고 진 건 장인의 무거운 고뇌가 아닌, 일을 사랑하는 마음이었다. 붓을 정성스레 어루만지듯, 일을 대하는 마음도 부드럽게 가꿔온 사람. 전상규 필장은 누구도 부정할 수 없는 장인이다.

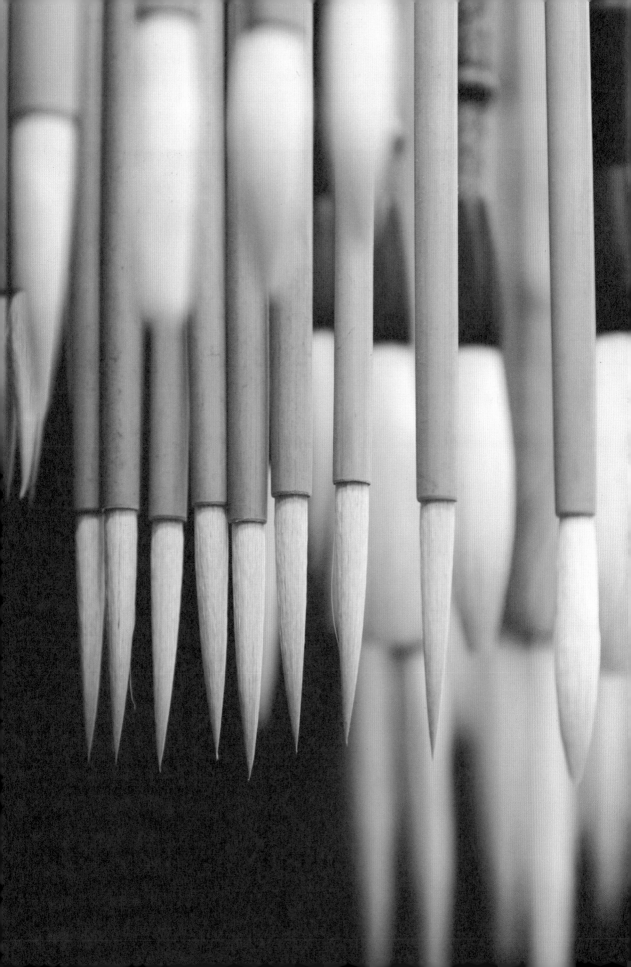

흐드러진 허브밭을 뒤로 하고 한 여인이 해사하게 웃는다. 요리연구가 도이 씨를 미소 짓게 하는 건 화려하거나 거창하지
않다. 잎에 달린 맑은 이슬, 매끈한 돌에 내려앉은 햇살 같은 것들이라면 그녀의 마음은 어느새 몽글거린다. 서울에서
그녀에게 편지했다. '이야기를 나눌 수 있을까요?' 곧 끄덕이는 그다. 도이 씨가 작업실에 펼쳐 놓은 안온한 일상에는
소소한 기쁨이 빈틈없이 수놓아져 있었다.

허브향 피어나는 오두막

도이 지나쓰—요리연구가

에디터 차의진
사진 카토 케니치

서울에서 인사를 전해요. 도이 씨를 소개해 주실래요?
반가워요. 요리를 가르치는 도이 지나쓰どいちなつ라고
해요. 일본 아와지 섬에 살면서 사계절 내내 요리 교실을
열고 있어요. 농장에서 허브를 키우고, 허브 소금 같은
여러 제품을 만들며 지내요.

**최근엔 서울에 다녀갔었죠? 한국에 온 건 이번이
처음이었나요?**
작년 가을에 요리 수업과 식물 정제법 수업을 하러
처음으로 한국을 찾아왔어요. 박물관, 시장도 가보면서
서울을 둘러봤어요. 서울은 트렌디한 가게도 많고,
상점으로 가득한 시장도 있어서 굉장히 활기차더라고요.
사람들이 모두 힘차게 살고 있다는 느낌을 받았어요.

**서울이 바쁜 도시인지라 그렇게 느낀 걸지도 몰라요.
아와지 섬은 얼마나 아름다운지 들어보고 싶어요.**
아와지 섬은 고요한 바다와 드넓은 하늘로 유명해요.
먹거리가 풍성해서 관광업도 활발하죠. 제가 사는 작은
마을은 조용한 곳인데요, 가게 하나 없고 사람도 거의
없어요. 하지만 아름다운 풍경을 계절마다 볼 수 있답니다.
봄에는 야생 벚꽃, 여름에는 짙푸른 바다, 가을엔
철새들…. 이 풍경들은 아름답고 고요해요. 환한 태양,
바람이 주는 평온함 같은 것들로 저는 매일 들떠 있어요.

**평화로운 섬의 모습이 그려져요. 도이 씨도 원래부터
전원생활을 한 건 아니었다죠. 도쿄에서 요리연구가
생활을 오래 했잖아요.**
도쿄에 살 때는 일하고 아이들도 키우느라 바빴어요.
하지만 점차 시간을 내서 시골로 도예와 허브를 공부하러
다녔어요. 자연의 곁에서 보낸 시간이 생각과 마음을
다스리도록 도와줬죠. 자연은 제가 아이 같아질 수 있는
소중한 공간이에요.

**다른 한적한 곳도 많았는데, 왜 아와지 섬의 시골에
자리를 잡았어요?**
아와지 섬은 제 고향인데요, 제가 태어난 곳에서 산다면
우리 가족의 마음이 평화를 찾는 데 큰 도움이 될 것
같았거든요. 원래는 아이들이 독립한 후에 시골로 가려고
했는데, 2011년 동일본 대지진 이후 조금 앞당겨 시골에
왔어요.

**그렇게 돌아온 고향에서 쉼을 찾았나요? 지금은 시골
생활에서 큰 행복을 느끼며 사는 것 같아요.**
이곳에 돌아와서 기뻐요. 가까이에 사시는 부모님을
대하며 조금 어려울 때도 있지만, 그 이상으로 큰 평화를

느껴요. 발이 땅에 단단히 내려앉은 것처럼 안정감이
느껴지기도 해요. 무엇보다도 아와지 섬이 얼마나
아름다운지를 깨닫고 있어요. 앞으로 이곳에 더 뿌리를
깊게 내릴 생각이에요.

**도이 씨에게 딱 맞는 곳으로 돌아왔군요. 그곳에
작업실이자 부엌도 만들었죠. 아담한 오두막이 꼭 영화에
나올 것처럼 예뻐요.**
그렇게 말해주어 고마워요. 우리 농장으로 가는 길목에서
남편이 발견한 곳이에요. 시골길 한쪽에 서 있는
사랑스러운 오두막을 보자마자 좋아하게 됐어요. 마침
농장 주인이 그 오두막도 갖고 있다는 걸 알게 되어서,
운 좋게 살 수 있었어요.

**선물처럼 다가온 공간이네요. 집 내부가 아닌, 별도의
공간에 작업실을 만들었던 이유가 있나요?**
예전엔 작업실이 없어서 요리 수업을 하려면 고베와
교토에 있는 레스토랑에 가야 했어요. 그런데 마침 발견한
오두막이 집, 농장과 가까워서 요리 교실을 열 수 있도록
부엌으로 바꾸면 좋겠다 싶었어요. 남편과 제가 구체적인
용도를 정한 뒤 수리했던 거예요.

남편과 공간을 개조했던 이야기를 좀더 해줄래요?
오두막을 개조하기 전에, 먼저 대대적으로 청소했어요.
기와를 수리하고, 공간의 기울기를 바로잡기 위해서
보를 세우고, 빛이 들어오게 창문을 냈어요. 시간이 많이
걸렸지만, 그렇게 했기에 이곳이 참 좋아요. 친구 한 명이
개조를 도와주기도 했어요.

**고되지만 뿌듯한 작업이었겠어요. 내부는 어떻게
생겼는지 자세히 들어볼 수 있을까요?**
부엌은 단순하고 소박해요. 안에는 요리하는 공간과 먹는
공간, 판매대와 탁자가 있어요. 도구를 편리한 위치에
보관할 수도 있답니다. 부엌에서 혼자 시간을 보낼 때,
사람들과 생기 넘치는 식사를 할 때…. 모두 다 행복해요.

**듣기만 해도 미소 지어지는 공간이에요. 가까운 곳에
농장이 있던데, 농장에서는 무얼 하며 지내요?**
다양한 종류의 허브를 키우고, 3년 전에 심은 레몬 나무도
가꿔요. 레몬 나무가 이번 겨울에 처음으로 열매를 많이
맺었어요.

**뿌듯한 순간이었겠어요. 농장에서 일하는 게 고되진
않아요?**
밭을 가꾸고, 씨앗을 심고, 작물을 수확하는 일은 끝이

없어요. 많은 실패도 겪는 힘든 일이지만 매일 흥미로운
것들을 발견해요. 일 년에 며칠만 피어나는 꽃 위에
곤충들이 모여드는 장면은 그야말로 사랑스러워요. 잡초나
죽어가는 식물까지도 아름답죠. 흙에는 다양한 생불이
있는데, 좋은 향이 나요. 생물들이 탈피하며 남긴 껍질을
발견하기도 하고, 작은 새들의 둥지도 봐요. 가끔 야생
토끼도 만나고요. 허브를 기르는 사람은 전데, 오히려 제가
밭에서 치유를 받아요.

**그런 장면을 매일 만나다니 부러워요(웃음). 손수 허브를
기를 때 어려움은 없었어요?**
심은 씨앗이 싹트지 않거나, 잎이 나면 곤충들이
먹어버렸죠. 하지만 저희가 원하는 만큼 허브가 자라지
않을 때도, 포기하지 않고 오늘날까지 오기 위해서 다양한
방법을 시도했어요. 직접 기른 야채, 과일, 허브를 먹거나
일상에서 쓰는 건 참 좋아요. 자연과 함께하는 경험도
좋고요.

**작업실 이야기로 돌아와 볼까요? 작업실에서 열리는
요리 수업은 어떻게 시작했어요?**
12년 전 처음 이곳에 왔을 때는 이런 시골에서 어떻게
요리를 할 수 있을까 싶었어요. 경험도 작업실도 없던 때라,
친구 부엌을 빌려서 요리 수업을 열었죠. 그때마다 계절별
야생 꽃 장식 수업을 하거나 현지에서 재배한 재료로
간단한 요리를 했어요. 점점 수업 횟수가 늘고 학생들도
많아지더라고요. 그런 다음 오두막을 개조한 거예요.
이제는 우리 오두막에서 학생들을 반기고 있어요.

**전국 각지에서 찾아올 정도로 유명해 매번 일찍 수강
신청이 마감된다죠. 도시 사람들이 도이 씨의 요리 교실을
찾는 이유는 무얼까요?**
사람들이 요리와 계절에 맞는 생활을 즐길 방법을
찾으려고 이 수업에 온다고 봐요. 하지만 그걸 넘어
사람들이 일상으로부터 벗어나 휴식을 취하고, 자기
자신과 대화하면서 마음을 돌보는 걸 느껴요. 전 모두에게
그런 장소와 시간이 필요하다고 믿어요.

**그렇게 이 부엌에 당도한 사람들과 어떻게 시간을
보내요?**
요리와 더불어 농장 일, 식물 증류 등을 하는데, 매달
활동은 바뀌어요. 때로는 해가 내리쬐고, 때로는 비가
오죠. 하지만 비가 온다고 실망스럽진 않아요. 빗소리에
귀 기울여보고 떨어지는 빗방울의 아름다움을 알아갈 수
있으니까요.

날씨에 상관없이 낭만적인 시간을 보내는 모습이 아름답게 느껴져요.
바람이 부는 추운 날씨에도 우린 새들이 하늘 높은 곳에서 날개를 펴는 걸 관찰해요. 학생 한 명 한 명이 현재를 마주하죠. 그런 일상적인 '현재의 순간'을 알아챌 수 있다는 건 축복이에요. 아마도 저희는 레시피나 요리 기법만이 아니라, 작은 행복을 발견하는 방법을 알려주는지도 몰라요.

도이 씨는 작은 행복으로 삶을 풍요롭게 채우는 것 같아요. 도이 씨가 생각하는 풍요로움은 무얼까요?
풍요로움에는 다양한 형태가 있는 것 같아요. 시내에서 근사한 음식을 먹거나 마음에 드는 옷을 사 입는 것도 좋은 일이에요. 마음을 설레게 하잖아요. 산에서 발견한 새 깃털이나 바다에서 주운 돌도 소중한 보물이에요. 저는 그 모두가 마음을 기쁘게 하는 풍요로움이라고 느껴요. 사람들과 열심히 일하고, 함께 기쁨이나 슬픔을 느끼고, 편안한 침대에서 잠을 자고…. 아마도 풍요로움은 안온하게 보내는 평범한 하루인 것 같아요.

일상의 소중함은 어떻게 느낄 수 있을까요?
작은 아름다움과 작은 기쁨을 계속해서 알아채는 거예요.

도이 씨에게 요리는 단순한 '일'이라고 말하기는 어려운 것 같아요. 도이 씨에게 일, 요리는 어떤 의미인가요?
일을 정의하기가 쉽진 않아요. 일은 제가 좋아하는 것이자 저를 계속 흥미롭게 만드는 것이니까요. 항상 가족, 친구들과 식사를 하고 그 시간을 소중히 여기길 늘 원해왔어요. 특별한 음식일 필요는 없어요. 그렇게 함께 보내는 시간은 우리 마음을 풍요롭게 하고 음식을 더 맛있게 만든다고 믿어요.

도이 씨가 생각하는 좋은 공간, 좋은 작업실이란 어떤 곳인지도 말해줄래요?
경계를 넘어 모두가 평화롭고 행복하게 살아가는 곳. 그런 곳이요.

제철 재료로 요리를 만들고 있죠. 이맘때 먹으면 좋은 일본의 제철 요리를 알려주세요.
2월은 여전히 추워요. 우리가 봄의 몇 가지 신호를 끌어들이고 싶어 하는 시기이기도 하고요. 테카 미소てっかみそ가 좋겠어요. 뿌리채소를 한 해 전 만들어 놓은 미소와 천천히 볶아 만들어요. 갓 지은 밥과 딱 어울리는 음식이에요. 만약 머위가 있다면, 튀겨도 좋아요. 머위의 쌉싸름함은 봄의 맛이죠. 레몬과 우뭇가사리로

만든 젤리는 보기도 좋고 맛있어요.

도이 씨의 오두막에서 요리를 먹어보고 싶어져요. 아와지 섬에서 어떤 새로운 날들을 꿈꾸고 있어요?
서로의 하루를 묻고 편안하게 일상을 보내는 식당을 만들고 싶어요. 아직 상상일 뿐이지만요. 거기서 많은 직원들과 일하고 최선을 다하고 싶어요.

도이 씨가 전해온 편지를 읽어 내려가며 나도 모르게 배실배실 미소 지었다. 그녀가 포착한 자연의 장면들이 무척이나 아름답게 상상되었기 때문이다. 새들은 노래하고 풀은 한들한들 춤을 추고…. 그 모습을 바라보며 웃고 있을 도이 씨도 그려졌다. 그러다 문득 떠올랐다. 어쩌면 그녀가 아끼는 풍경들은 사실 내 곁에서도 조용한 모양으로 존재하고 있을지도 모른다고. 그리고 난 어딘가로 바삐 향하느라 그것을 매일 놓치고 있는 거라고. '작은 아름다움과 작은 기쁨을 알아채는 것'. 그녀가 알려준 시선으로 오늘 하루를 바라보기로 마음먹었다. 다시 오지 않는 오늘을 더 소중히 기억하도록. 반짝이는 일상의 면면을 놓치지 않도록.

공간의 저편을 바라보며

에디터 차의진
자료 제공 비아인키노

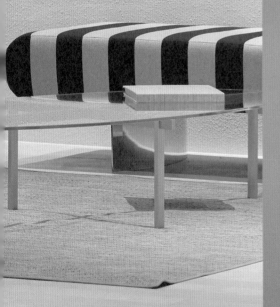

삶은 한 편의 영화와 같다고 했던가. 그래서 눈을 감고 잠시 떠올렸다. 네모난 스크린
속에서 제삼자의 시선으로 내려다본 나의 하루를. 그럼 익숙했던 일상도 더 특별해지는
것만 같다. 독일어로 '영화처럼'이라는 뜻의 비아인키노wie ein KINO는 그 특별한 시선으로
삶을 바라본다. 가구를 중심으로 공간과 여백, 색까지 삶을 이루는 요소 하나하나를
살피면서. 삶에 대한 고민은 비아인키노라는 이름 아래 다양한 브랜드와 공간을 만들기에
이르렀다. 예상할 수 없는 방향으로 뻗어가는 그들의 움직임은 자유롭고 망설임 없다.

비아인키노의 다채로운 공간들

1. WEK

비아인키노가 전개하는 리빙 브랜드 위키노^{Wekino}의 쇼룸.
단순히 가구를 진열하는 공간을 넘어, 비아인키노를 더
풍성히 기억할 수 있도록 설계됐다. 양재, 연희, 대구, 부산
총 네 곳에 자리하며, 저마다 다른 모습을 갖추고 있다.
WEK 양재는 층고가 높아 갤러리 같은 느낌을 자아내는
반면, WEK 연희는 구옥 내부를 리모델링해 집에 자리한
위키노의 모습을 자연스럽게 떠올릴 수 있다.
WEK 대구는 도심 한가운데 위치해 방문하기 좋다.
WEK 부산은 이 중 최대 규모로 카페, 서점, 패션 브랜드
등 보다 다채로운 요소로 채워졌다.

2. 라이프북스&아트

WEK 부산에 자리한 비아인키노의 서점이다. 일상을 바삐
채웠다면, 비우는 시간도 있어야 하는 법. 여백 또한 삶을
이루는 요소라는 관점이 녹아들었다. 책이 여유롭게 꽂혀
있어 여백의 충만한 힘을 느낄 수 있고, 책과 함께하는
여가를 통해 바쁜 일상에 숨을 불어넣는다. 신간과
베스트셀러보다는 고심해 선별한 책들을 선보인다.

1.   2.

3. 더반베를린

독일 3대 커피 로스터리 중 하나인 더반베를린은
비아인키노를 통해 한국에서 만날 수 있다. WEK 연희,
부산을 비롯한 전국 다섯 곳에 자리한다. 특히 WEK
부산에 있는 더반베를린은 탁 트인 바다를 감상할 수 있어,
한적한 시간을 보내고 싶은 이들의 발길을 끈다. 다채로운
비아인키노의 공간을 거닐다 보면, 삶의 풍요로움을
마주하게 된다.

WEK **양재** A. 서울 서초구 언남9길 7-11 1층
WEK **연희** A. 서울 서대문구 연희로11가길 48-23
WEK **대구** A. 대구 중구 달구벌대로 2095 1층

WEK **부산** A. 부산 해운대구 달맞이길65번길 167

O. 매일 11:00-19:00. 지점마다 휴게 시간 상이.
　　WEK 대구 매주 월, 화 휴무.

3. 　　　　　　　　　　　　　　　3.

김수진, 지은석
비아인키노 공동대표

키즈 가구를 시작으로 김수진, 지은석 대표가 브랜드를 이끈 지도 10년이 흘렀다. 그 세월 동안 두 사람의 시선은 가구를 넘어, 공간으로, 삶으로 가닿았다. 삶을 이루는 단면들의 소중함을 관찰하며 저만의 방식으로 걸어온 부부. 그들이 새긴 발자국을 따라가 본다.

비아인키노의 시선은 서점과 카페 등 라이프 스타일까지 닿아 있죠. 가구를 넘어 삶을 구성하는 요소를 제안하는 것까지 관심을 확장하게 된 계기를 듣고 싶어요.
수진 비아인키노를 처음 준비할 때는 삶에 새로운 도전이 필요한 시기였어요. 그때 제가 머무는 공간과 그곳을 채우는 것들이 저의 도전을 돕는다고 느꼈죠. 저를 표현하면서도 편안하게 했으니까요. 삶을 채우는 요소들이 얼마나 가치 있는지를 나누고 싶었어요.

비아인키노가 제안하는 삶의 요소로는 '여백'과 '컬러'도 있다고요.
은석 개인적으로 공간에 여백을 만드는 벽과 천장을 좋아해요. 적절한 색과 질감을 가진 소재는 공간에 생동감을 주기도 하죠. 여백과 색은 유행을 좇지 않는, 나만의 취향을 반영한 선택에 필요한 요소라고 생각했어요. 그 점을 카페와 서점을 통해 공간에서도 보여주려고 했고요.

공간 WEK는 일반적인 가구 쇼룸보다 더 다채로워요. 이런 방향으로 기획한 이유가 있다면요?
수진 키즈 가구를 시작으로 국내외 전시회를 통해 많은 분을 만났지만, 쇼룸이라는 한정된 공간에서 보여줄 수 있는 콘텐츠에는 한계가 있었어요. 해외 리빙 편집숍을 방문하면서 콘텐츠가 강력한 브랜드를 만든다는 데 공감했고, 우리도 누군가에게 가보고 싶은 공간을 만들고 싶었죠.

비아인키노가 지향하는 '좋은 공간'도 궁금해요.
은석 좋은 공간은 자연스럽고, 오랫동안 가치를 잃지 않아야 한다고 생각해요. 자신감도 느껴져야 하죠.

'한국만의 리빙 브랜드'는 어떻게 꿈꾸게 되었나요?

수진 시장 조사차 해외 리빙 브랜드 전시회에 방문했을
때의 일이에요. 부스마다 각 나라 국기가 있었는데,
한국에서 참여한 가구 브랜드는 없었어요. 해외 전시에서도
한국 브랜드가 있으면 좋겠다는 막연한 기대 그리고
기회가 된다면 우리가 해보고 싶다는 생각이 있었죠.
우리만의 정체성을 가진 디자인으로 해외 진출을 하기
위한 구체적인 계획을 세우게 됐어요.

**비아인키노의 리빙 브랜드 위키노에는 스웨덴의
노트Note 디자인 스튜디오가 디렉터로 함께하고 있죠.
노트에게 어떤 도움을 받았나요?**

은석 세계 시장에서 한국 리빙 브랜드 위키노가 가야 할
방향성에 도움을 주고 있어요. 노트에서 한국 디자이너와
함께 우리나라의 디자인을 알리는 것이 더 좋겠다는
의견을 줬죠. 또 독일어인 비아인키노는 한국 브랜드에
어울리지 않는 이름이라는 조언을 해줬고요. 이에 공감해
비아인키노의 약자인 '위키노'로 이름을 정한 거예요.

**한국만의 리빙 디자인을 전개했다는 방향성은 최근
선보인 위키노 위드 컬렉션에서 나타난 것 같아요.**

수진 위키노 위드는 위키노에서 전개할 방향성을 보여주는
시작이에요. 현재 가장 역동적인 디자이너분들과 한국적인
디자인을 보여주는 것을 가장 중요하게 생각했어요.

**창의적인 발걸음을 전개하는 비아인키노인 만큼
앞으로가 기대돼요.**

수진 첫 해외 전시로 올해 2월에 열리는 스톡홀름 퍼니처
페어 참가를 앞두고 있어요. 가보지 않은 시장에 도전하는
만큼 걱정도 되지만, 이 계기가 브랜드에 큰 전환점이 되어
주길 바라요. 다양한 디자이너와의 활동에 집중해 좋은
제품과 콘텐츠를 만들고, 그것들을 즐길 수 있는 공간을
계속 정비할 계획이에요.

**앞으로 공간과 라이프 스타일을 어떤 의미로 소개하고
싶으세요?**

은석 공간과 라이프스타일은 제게 '좋아하는 것'에서
'가치 있는 것'으로 발전한 것 같아요. 비아인키노가
선보이는 제품과 콘텐츠가 짧은 시간 안에 사라지는 것이
아닌, 삶에 가치 있는 것으로 자리 잡도록 열심히
하려 해요.

위키노 위드가 채우는 영감의 작업실

1.

2.

3.

1. 북 윔 A
네모난 화면, 네모난 책상, 네모난
키보드…. 새로운 발상이 움트는
공간을 만들고 싶다면 독특한
모양의 물건을 놓아 보자. 자유로운
곡선이 돋보이는 북 윔 A는 책을
끼워 넣기도, 오브제로 활용하기도
좋다. 디자이너 이화찬과 맹유민이
함께하는 스튜디오 구오듀오KUO
DUO가 제작에 참여했다.

2. 빌로우 라운지 체어
고된 작업을 마치고 휴식이 필요한
시간에는 폭신한 의자가 간절하다.
산등성이에 낮게 깔린 구름에서
영감을 받은 빌로우 라운지 체어는
포근한 쉼을 돕는다. 구름을 닮은
시트와 오크 원목이 조화롭게
어우러져 편안함을 자아낸다.

3. 삐루에뜨 쉘프
독특한 조형의 사물로 이름을 알린
디자이너 이광호와 위키노가 함께
제작한 선반. 자유롭게 쓰임을
상상하며 원하는 대로 물건을 놓아도
문제없다. 다채로운 색상으로
작업실을 환히 밝히기에 제격.

Item

《AROUND》가 만난 인터뷰이에게 작업실에서 꼭 필요한 물건을 물었다.
실용적이기도 엉뚱하기도 한 각자의 도구는 이상하고도 아름답구나.

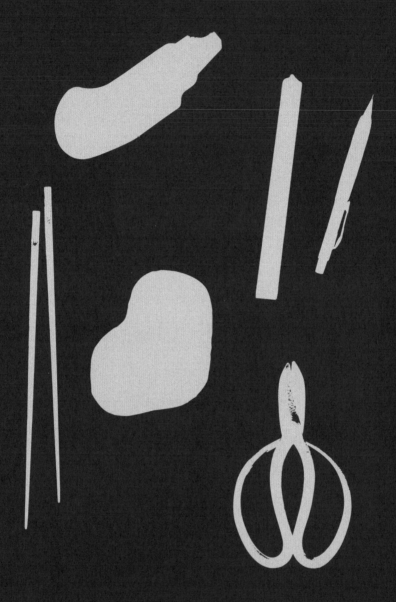

어디 한번 꺼내 볼까요

에디터 차의진

글 김건태, 이명주, 이주연, 차의진

포토그래퍼 강현욱, 김혜정, Hae Ran

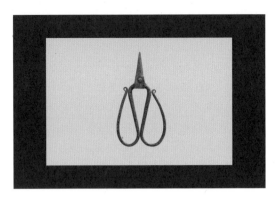

오이타 최문정 | 분재 관리용 가위

아끼는 분재 관리용 가위예요. 일본 효고현 오노시
지역에서 4대에 걸쳐 가위를 만들어온 '타지카Tajika'
공방에서 제작되었어요. 섬세한 디자인의 도구를 사용할
때의 긴장감이 작업에 좋은 영향을 주는 것 같아 즐겨 써요.

일러스트레이터 렐리시 | 렐리시 & 오유우 와인 칠러

같은 빌딩에 작업실을 꾸린 오유우 작가가 흙으로 형태를
잡고, 제가 그림을 그려 완성했어요. 뚜껑에 동전을 넣는
구멍이 있어 저금하다가 12월 25일에 열어 와인을
사 먹는 콘셉트예요. 평소에는 오브제로 두고 바라보는데,
작업실이 '심야렐바'라는 이름으로 변신했을 때는 칠러로도
사용하고요. 오유우 작가와 제가 하나씩 소장하고
있답니다.

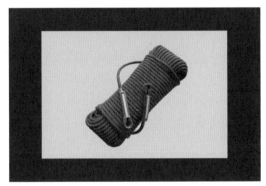

푸하하하프렌즈 건축가 한승재 | 탈출용 로프

작업실에 갑자기 불이 나거나 강도가 침입했을 때
사용하려고 구입한 40미터짜리 로프예요. 아직 사용해 본
적은 없는데, 유튜브 보고 연습을 했어요. 평소에는 책상에
놓고 베개로 사용해요. 얼굴에 자국이 나면 기분이 좋아요.

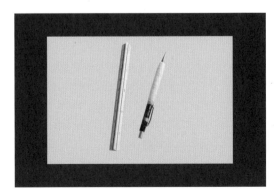

푸하하하프렌즈 건축가 한양규 | 샤프와 스케일

도면에 대고 설계할 때 쓰는 스케일(다양한 비율의
눈금이 새겨진 자)과 샤프를 골랐어요. 10년 전, 건축사
공부할 때부터 함께한 물건이에요. 샤프에 테이프를
감아서 그립감이 편한 두께로 만들었어요. 오래 써서
찐득찐득해지면 복서처럼 다시 감고 반복해서 사용해요.

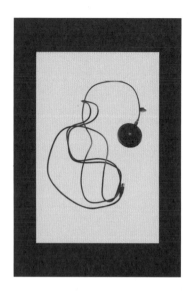

푸하하하프렌즈 건축가 윤한진 | 스피커 마이크

가족들이 호주에 있어서 저도 1년에 반 이상은 호주에서
생활해요. 그래서 호주에서 화상으로 출근을 할 때
사용하는 스피커 마이크를 골랐어요. 이게 꺼지면 저는
더 이상 푸하하하에 존재하지 않는 사람이 돼요.

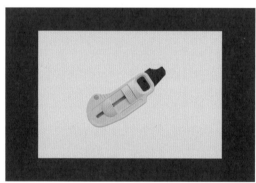

망우삼림 윤병주 | 실리콘 테이프와 커터

필름 통에 말려 들어간 필름을 꺼내는 도구예요. 현상을
하려면 이게 꼭 필요하죠. 없으면 일을 못 해요. 소모품이라
몇 주나 몇 달 동안 쓰면 저렇게 끝이 망가져요. 빨리
망가질수록 손님들이 필름을 많이 맡기셨다는 뜻이에요.
이것도 거의 수명을 다해가는데, 가격이 저렴하진 않아요.

망우삼림 윤병주 | 실리콘 테이프와 커터

상대적으로 물에 영향을 덜 받는 실리콘 테이프예요.
이걸로 필름과 리더기를 연결해요. 이건 뭐라 불러야
할까요…. 커터기? 이 커터기는 60-70년대쯤 나온
물건이에요. 미국에서 구매했던 건데, 실제로도 현상에
필요한 테이프를 자르기 위해서 만들어졌대요.

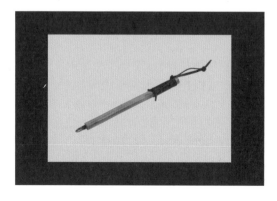

백산필방 필장 전상규 | 속시칼

붓촉 크기에 맞게 대나무 속을 적당히 파낼 때 필요해요.
날 부분이 닳아질 때 몸통을 탁탁 치면 금속이 위로
올라와요. 그러면 또 날을 갈아 쓰는 거죠. 이것도 꽤
닳았죠? 40년에서 50년 정도 썼어요. 작업실에 있는
도구가 다 그 정도 쓴 것들이에요.

백산필방 필장 전상규 | 판

붓 털을 정리할 때 써요. 남쪽을 향해서 나무는 햇빛을
보고 자라서 강도가 세요. 그래서 판이 미끄럽지요. 하지만
북쪽을 보고 자란 나무는 부드러워요. 나이테도 넓고.
그러니까 털과 판이 딱 맞아요. 이것도 다 노하우지요?

양지바른 양지 | Statue With Duck

가장 중요한 한 가지를 고르기가 어려워 불이 나면 무조건
가지고 나갈 물건을 떠올려 봤어요. 고민 끝에 고른 건,
검은 색연필로 그린 드로잉이에요. 제 컬러풀한 작업과는
느낌이 좀 다르지만, 꼭 하나를 꼽는다면 왠지 모르게
이 작업을 고르고 싶어요.

아시 하우스 하태웅 | 기능과 감성을 챙긴 청소 가방

객실 청소에 필요한 도구들을 이 가방에 챙겨요. 160년
넘게 수공구를 제작해 온 '클라인툴스Klein Tools'의
가방인데요. 객실 정리는 짧은 시간 안에 빠르고 완벽히
끝내는 게 중요해서 다양한 도구 수납이 가능하고 기동성을
높여주는 가방이 필요하답니다. 겉은 투박해 보여도 속은
섬세한 공구 브랜드의 감성을 좋아해요.

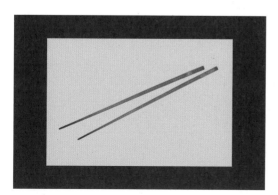

요리 연구가 도이 지나쓰 | 대나무 젓가락

대나무 젓가락은 내구성이 좋고, 요리할 때도 편리해요.
젓가락 끝이 얇아 음식을 옮기기 쉽지요. 제가 일할 때
없어서는 안 될 물건이에요.

〈양: 단팥 인생 이야기〉　　　　　〈인턴〉　　　　　〈월터의 상상은 현실이 된다〉

세 남자의 작업실

작업실에서 찾은 삶의 세 조각.

글 차의진

센타로의 작업실

Movie

가와세 나오미
〈앙: 단팥 인생 이야기〉(2015)

"사장님, 잊지 마.
우리는 세상을 보기 위해서
세상을 듣기 위해서 태어났어.
그러므로 특별한 무언가가 되지 못해도 우리는,
우리 각자는 살아갈 의미가 있는 존재야."

헝클어진 머리로 담배부터 무는 이 남자의 아침은 무기력하고 권태롭다. 아니, 그의 하루가 온통 권태롭다. 회색 눈빛을 한 남자, 센타로는 삶에 지쳐버렸다. 실수로 사람을 해쳐 감옥에 있는 동안, 그의 어머니는 세상을 떠났다. 상실의 그림자를 지고 오늘도 그가 향하는 곳은 흐드러진 벚나무 아래에 있는 도라야키 가게. 도라야키에 별생각은 없다. 업소용 대량 팥소로 겨우 빵 속을 채워 넣을 뿐이다. 센타로를 닮은 무기력한 가게에 한 노인이 문을 두들긴다. 마음으로 팥소를 만드는 한센병 환자 도쿠에다. 아르바이트생이 되겠다는 그녀를 센타로는 몇 번이고 돌려보내지만, 그녀가 만든 팥소의 황홀한 맛에 반했다. "괜찮으시다면 함께 일하시겠습니까?" 도쿠에가 들어선 센타로의 작업실은 전과 다르다. 도쿠에는 팥의 소리에 귀 기울이며 정성스럽게 팥소를 만들고, 센타로는 밀려드는 손님을 맞이한다. 그녀의 곁에서 센타로는 멈췄던 발장구를 다시 치며 삶을 다시 조금씩 헤엄친다. 이제 센타로의 작업실을 채우는 건 살아 있다는 감각, 나아갈 수 있다는 희망이다.

센타로의 기쁨도 잠시, 가게는 예전으로 돌아간다. 도쿠에의 병이 소문나 사람들이 더 이상 도라야키를 찾지 않기 때문이다. 그를 짓누르던 삶의 무거움과 가게를 떠난 도쿠에의 조용한 죽음만이 그의 곁에 남았다. "타인을 이해하지 않는 세상에 짓밟힐 때가 있어." 세상에 떠밀려간 도쿠에는 그녀와 같은 작은 존재, 센타로에게 유언을 남긴다. 사장님만의 특별한 도라야키를 만들어 낼 거라 믿는다고. 영화는 센타로의 새로운 가게를 비추며 끝이 난다. 흐드러진 벚나무 아래, 작은 도라야키 노점이다. "도라야키 사세요!" 센타로는 다시 힘차게 삶을 유영하기 시작한다.

ⓒ〈앙: 단팥 인생 이야기〉

벤의 작업실

Movie

낸시 마이어스
〈인턴〉(2015)

"뮤지션은 절대 은퇴하지 않는다는
글을 본 적 있어요.
그들은 그들 안에 음악이 사라지면 멈추죠.
내 안에는 여전히 음악이 있어요."

ⓒ〈인턴〉

희끗하게 머리가 센 노년의 남자가 사무실 책상에 앉아 있다. 은퇴 후 지역사회 프로그램의 일환으로 온라인 의류 회사에서 시니어 인턴으로 입사한 벤이다. 그는 '아날로그'라는 단어가 어울리는 사람이다. 이제는 쓸모를 다한 클래식한 서류 가방부터 책상에 놓인 계산기, 매일 갖춰 입는 양복까지. 그를 이루는 것들은 하나같이 오래되고 기품 있다. 아날로그한 것은 그의 외관만이 아니다. "손수건을 갖고 다니는 가장 큰 이유는 빌려주기 위해서야." 타인을 찬찬히 관찰하며, 상대의 마음을 먼저 헤아리는 벤의 마음은 퍽 느리고 다정하다.

벤이 일하는 사무실은 사실 그에게 익숙한 공간이다. 같은 공간을 썼지만, 지금은 사라진 전화번호부 회사에서 그는 40년간 일했다. 낯설지만 낯설지 않은 이 작업실에 벤은 자신만의 방식으로 온기를 풀어놓는다. 누구도 하지 않는 일을 부드럽게 처리하며, 젊은 동료들의 연애 상담사를 자처하는 그. 대표 줄스도 전문 경영인에게 회사를 맡기는 것이 맞을지 고민하며 벤을 두드린다. 그런 줄스에게 벤은 용기의 말을 불어넣는다. "경험이 많은 사람이 들어올 수 있지만, 그 누구도 사장님이 아는 것을 대신할 수는 없어요." 벤은 그간 줄스가 회사에 쏟은 열정과 사랑을 알았기에, 그녀가 다시금 나아갈 수 있도록 힘을 북돋는다. 벤이 다시 찾은 작업실에는 응원과 다정이 있다. "프로이트는 말했습니다. '사랑하고 일하라. 일하고 사랑하라. 그것이 인생이다.'" 사무실 안팎의 사랑을 구분하지 않는 벤. 그 지혜가 피어나는 이곳은 벤과 동료들의 작업실이다.

월터의 작업실

Movie

벤 스틸러
〈월터의 상상은 현실이 된다〉(2013)

"세상을 바라보고, 위험을 무릅쓰고,
벽을 허물고 더 가까이 다가가,
서로를 알아가고 느끼는 것.
그것이 인생의 목적이다."

ⓒ〈월터의 상상은 현실이 된다〉

폐간을 앞둔 잡지사 '라이프'에서 일하는 월터의 사무실. 마지막 잡지 발행을 앞두고 필름을 살피는 그의 표정이 심상치 않다. 사진작가 숀이 보내온 필름에 표지용 사진이 없다. 구조조정을 앞둔 그의 타는 마음을 아는지 모르는지, 사라진 필름의 행방은 오리무중이다. 기댈 곳은 숀이 남긴 단서뿐. 연애 사이트 프로필에 있는 '경험' 칸에 아무것도 적지 못할 만큼 월터는 단조로운 삶을 살아왔다. 그는 묵묵히 사진 작업을 해오던 작업실을 뒤로하고, 숀을 추적해 세계 곳곳으로 떠난다.

긴 여행에도 필름은 찾지 못했다. 그가 아끼던 사무실은 이미 사라졌고, 월터는 삶의 터전에서 해고당한다. 하지만 이대로 포기할 수는 없다. 가까이에서 찾은 단서로 다시 여행을 떠나는 월터. 그는 사라진 작업실을 넘어, '라이프'에서의 끝내지 못한 업무를 재개한다. 드넓게 펼쳐진 세상은 그의 새로운 일터다. 부딪히며 성장하는 미지의 공간이다. 늘 같은 일상 속에서 상상의 나래만 펼치던 평범한 직장인 월터는, 이제 네팔의 산들을 넘고 수염을 기른 탐험가다.

마침내 손에 넣은 사진에 담긴 건 라이프에서 일하던 월터의 모습이었다. 숀은 그에게 말해주고 싶었다. 삶의 아름다움은 그리 멀지 않은 곳에 있다고. 삶은 그 자체로 풍성하고 다채롭기에 그 의미에 더 가까이 다가가자고. 매일 몸담는 공간 속의 나 그리고 그 너머의 나는 있는 그대로 아름답다. 월터와 숀이 설원에서 가만히 지켜봤던 눈표범처럼. 라이프 건물 앞에서 현상할 필름을 들여다보던 보통날의 월터처럼.

나의 작업실 관찰기

머문 자리를 보면 그 사람을 알 수 있다고 한다. 내가 궁금해서 둘러보는 나의 동네, 나의 공간 이야기.

글·사진 김건태

얼마 전에 홍대로 네 번째 작업실(집)을 구했다. 따로 집을 구해 사는
동생을 불러 저녁을 먹었다. 포장한 광어 회를 집으며 동생이 말했다.
"근데 오빠 왜 집이 항상 똑같아? 가려놓고 봐도 딱 오빠 집이라는 걸
알겠어." 지난 10년간 연남에서 망원으로, 망원에서 공덕으로, 공덕에서
홍대로 이사했다. 집의 크기도 가구도 달라졌지만, 동생 눈에는 네 집이
모두 똑같아 보인단다. 나도 모르는 새 취향이랄까, 고집 같은 게 생긴
걸까. "근데 오빠도 참 이 동네를 안 벗어난다." 하지만 그건 오해다.
네 곳 모두 서울 서쪽에 있다는 점에서 같지만, 각각 분위기가 다르다.
먼저 연남은 하늘이 잘 보이는 동네다. 노인정과 작은 심야 식당이
이웃하고, 걷기 좋은 공원이 있는 곳이었다. 그러나 연남은 변했다. 동네
주민보다 동네 바깥의 사람이 더 많은 동네가 됐다. 프랜차이즈 상점이
들어섰고, 내가 살던 작은 마당이 있는 집은 진즉에 허물어져 빌딩이
들어섰다.

두 번째로 망원은 골목이 많은 동네다. 골목 사이사이 식물 상점과
반려동물 병원과 자전거 수리점이 있다. 시장에는 나물 반찬을 사는
주민과 꽈배기를 포장하는 연인들이 혼잡하게 엉키곤 했지만, 그들에겐
저마다 규칙이 있어 서로 간섭하지 않았다. 저물녘 한강을 보고 있으면
모든 게 안심이 되는 곳이었다.
공덕은 프로페셔널한 동네다. 아침이면 우르르 회사원이 모이고,
저녁이면 우수수 흩어졌다. 그들은 점심으로 백반을 먹고 저녁에는
족발을 먹다가 택시를 타고 집으로 돌아갔다. 규칙적으로 끼니를 챙기는
사람들이 모이는 곳이다. 집으로 돌아가는 길, 공덕오거리의 거대한 빌딩
산맥을 보고 있으면 미래 세계에 불시착한 원시인이 된 기분이 들었다.
지금 사는 홍대는 편리한 동네다. 집 앞에 이마트24와 올리브영이
있고, 소이연남(줄 서는 맛집)이 배달된다. 단점이라면 옆집에 건물주
할머니가 산다는 것이다. "택배 박스는 테이프를 떼어서 버리세요, 늦은
시간에는 베란다에 있는 세탁기 돌리지 마세요, 자전거는 주차장 구석에
세워두세요." 그런 문자를 받을 때마다 종종 감시당하는 느낌이 들기도
하지만, 딱히 틀린 말은 아니어서 친절하게(비굴하게) 답장한다.
'네, 선생님. 분부대로 하겠습니다.'

푸하하하프렌즈의 《우리는 언제나 과정 속에 있다》라는 책에 이런
문장이 있다. "생각한 대로 그려지고, 그려진 대로 지어지고, 지어진 대로
살아간다." 어느 분노 많은 건축가의 좌우명인데 이상하게 마음이 갔다.
주변 환경에 구애하지 않고 주체적으로 사는 듯 보여도 실은 가진 만큼
먹고 입은 만큼 행동하고 받은 만큼 일한다는 의미로 읽었다. 조신하던
복학생이 예비군복만 입으면 껄렁해지고, 내가 업무 시간에 월급 루팡을
하는 것과 같은 맥락이랄까. 주어진 공간만큼 살아간다는 건, 다시 말해
공간을 보면 그 안의 사람을 알 수 있다는 뜻이기도 했다. 나는 어떤
사람일까? 대답을 찾기 위해 내가 가장 오랜 시간을 보내는 공간,
나의 작업실(집)을 관찰했다.
우선 나는 커다란 책상과 커다란 침대를 가졌다. 방구석 심리학자의
'뇌피셜'로 해석하자면 커다란 책상은 성공 지향성을, 커다란 침대는
성적 욕망을 상징한다. 나는 커다란 가구를 가지면 결핍이 채워진다고
착각하는 사람이다. 하지만 책상에 머무는 시간보다 소파에서 더 많은
시간을 보내는 것으로 보아 이번 생은 글러 먹었다. 침대에 관해선 딱히
이야기하고 싶지 않다. 넓은 침대를 가진 뒤로 더 공허해졌기 때문이다.
나는 단단하고 커다란 책장도 두 개나 가졌다. 지적 허영을 채우기 위해
읽지도 않는 책을 그득그득 채워놓았다. 소설, 시, 에세이, 인문학, 매거진,
사진집, 만화책이 꽂혀 있고, 오타쿠 시절 심취했던 판타지 롤플레잉 게임
세트도 버리지 못했다. 마음속 어딘가에 문학청년의 오기 같은 게 남아
있어서 자기계발서는 들이지 않았다. 얼마 전 선물로 받은 '마흔에
꼭 읽어야 한다'는 철학자 시리즈는 받자마자 당근마켓에 올려버렸다.
선반 위에는 선물로 받은 바이닐과 캔버스 그림, 우주인 모형이 있다.
사실 선물 받는 걸 좋아하지 않는다. 특히 생일 시즌이 되면 여느
겨울생이 그렇듯 목도리나 핸드크림을 받았다. 하지만 나는 목도리를

하지 않는다. 올해 생일에는 카카오톡 생일 알림을 숨겨버렸다. 그랬더니 부담스러운 선물과 문자가 더는 오지 않았다. '이렇게 잠잠한 생일이라니, 꽤 편안한걸?' 하고 생각했는데, 의외로 너무 조용해서 서운했다.

한편 내 작업실에서 가장 큰 공간은 옷방이다. 크기에 비해 다양성은 부족하다. 티셔츠, 바지, 외투, 속옷, 양말, 한 벌 있는 정장까지 모두 검은색이다. 저승사자의 관 같다. 신발장에는 나이키, 아디다스, 뉴발란스, 닥터마틴이 있다. 신발이 적은 편은 아니지만 베스트 아이템만 신는 경향이 있다. 하루는 직장 동료가 "건태 씨는 왜 맨날 똑같은 신발만 신어요?"라고 하기에 마음먹고 다른 신발을 신었는데, 출근길 쇼윈도에 비친 모습이 어색해서 집으로 돌아가 평소대로 갈아 신었다. 지각을 했고 다시는 모험을 하지 않았다.

나의 작업실에서 가장 애착이 없는 공간은 주방이다. 냉장고 속에는 직접 끓인 보리차뿐이다. 여자 친구에게 잘 보이려고 직접 요리를 하던 때도 있었는데, 내가 만든 요리를 먹고 그녀의 표정이 일그러진 걸 본 다음부터 요리를 끊었다. 지금 나는 '배민'의 노예다. 반복적으로 구입하는 먹거리가 정해져 있다. 임팩타민, 락토비프, 밀크시슬, 프로틴, 무지방 우유, 오곡푸레이크, 쟈뎅 아메리카노, 티즐 자몽블랙티, 탄산수, 씻어나온 콩나물, 감자면, 사천 짜파게티, 하리보 해피그레이프. 배달은 서브웨이, 피자스피릿, 미미족발, 소이연남, 달짜국수, 순살만공격, 현선이네떡볶이, 한사바리해장국. 소주는 참이슬, 맥주는 홉하우스13, 위스키는 아드벡. 그중 가장 자주 먹는 원투는 임팩타민과 참이슬이다. 열탕과 냉탕을 왔다 갔다 하는 몸이다.

작업실에서 가장 좋아하는 공간은 저물녘의 책상이다. 책상을 둔 방향이 서향이라 저녁 무렵이면 제법 아늑한 분위기가 된다. 그 느낌이 좋아서 아무것도 하지 않고 가만히 앉아 있다. 죠지와 쏠의 음악을 틀어놓고 흥얼거린다. 책상 위에 앉은 먼지를 손가락으로 쓸어보고 시를 읽는다. 온갖 청승을 다 떨다 보면 순식간에 몽글몽글한 마음이 되면서 하품이 터진다. 그런 다음에는 하품 때문에 살짝 고인 눈물이 보이도록 셀카를 찍는다. 그렇게 모은 자기 연민의 셀카가 사진첩에 한가득이다.

종합해 보자면 나는 이런 사람이다. 큰 책상과 침대, 쓸데없이 많은 책에 비해 부실한 냉장고를 가진 사람. 성공한 기업가처럼 한 가지 패션만 고집하지만 그들의 성공기는 읽지 않는 사람. 영양제와 술을 번갈아 챙겨 먹으며 몸을 극단적으로 단련하는 사람. 정리는 좋아하지만 청소는 싫어하는 사람. 저녁이면 울적한 마음으로 시를 쓰고 다음 날 찢어버리는 사람. 취향이 없다고 이야기하지만 꽤나 구체적인 고집을 가진 사람. "오빠 잠깐." 동생이 말을 끊는다. "집 소개를 하다가 왜 갑자기 자의식 과잉이 된 거야?" 청하 잔을 비우며 동생이 말했다. "그래서 결론이 뭔데?" 결론이라…. "그러니까 집은 자신을 투영하는 거울이다? 네 방이 더러운 이유는 곧 네가 더럽기 때…." 갑자기 동생이 마늘을 잔뜩 넣은 쌈을 내 입에 쑤셔 넣는다. 나는 우걱우걱 입안 가득한 마늘을 씹으며 동생의 잔을 채운다. 새해에는 우리 모두 좀더 맑은 얼굴이 되길 바라면서, 천천히 술잔을 비운다.

일단 앉아보는 거야

글 배순탁—음악평론가·〈배철수의 음악캠프〉 작가

01.

'Body and Soul'
— John Lewis

02. [50 Classical Masterworks]
— V.A.

03. 풍월당 컴필레이션
— V.A.

언제나 붙들고 있는 문장이 있다. 존경하는 소설가 필립 로스Philip Roth가 인터뷰에서 했던 말이다. 문학 계간지 《파리 리뷰》와의 대화에서 필립 로스는 아마추어와 프로의 차이에 대해 이렇게 정의했다. "아마추어가 영감을 찾아 헤맬 때 프로는 그냥 나가서 일한다."

과연 그렇다. 비슷한 의미로 글쓰기가 업인 많은 사람들이 공통적으로 증언한다. 글을 쓰게 하는 동력이 하늘에서 뚝 떨어지는 게 아니라는 것이다. 요컨대 글을 쓰게 해주는 것은, 다름 아닌 당신의 '엉덩이'다.

우리는 착각을 하면서 산다. 창작을 위한 영감이라는 게 하늘에서 감처럼 뚝 떨어질 거라고 믿는 사람을 여럿 봤다. 아니다. 전혀 그렇지 않다. 당신에게 영감을 선물해 주는 건 일하는 과정 그 자체다. 요컨대 음악이 음악을 낳는다. 그림을 그려야 명작은 탄생한다. 글이 글을 쓰게 한다. 비단 내 경험만은 아니다. 글로 일가를 이룬 대부분의 작가들이 동일한 증언을 했다. 무라카미 하루키는 반드시 하루에 매수를 정해놓고 글을 쓴다. 글이 끝내주든 엉망진창이든 그는 이 약속을 어기지 않는다. 소설가 김훈 씨도 마찬가지다. "아침에 책상 앞에 앉으면 막막해요. 그래도 어떻게든 씁니다."

이게 바로 작업실이 중요할 수밖에 없는 이유다. 우리는 마땅히 작업실 책상에 앉아서 작업을 시작해야 한다. 나는 천성적으로 깔끔한 편이 못 된다. 그럼에도, 절대 어지럽히지 않는 공간이 딱 하나 있다. 바로 책상이다. 내 책상 위에는 컴퓨터 본체와 모니터, 스탠드 조명 그리고 음악을 듣기 위한 스피커가 상주한다. 이게 전부다. 그 외에 책상 위를 허락할 수 있는 것이라고 해봐야 커피와 번역 작업 중인 책 정도다. 내가 직접 설정한 일종의 신성불가침 영역인 셈이다.

작업실 전체를 둘러싸고 있는 건 대개 다음처럼 나뉜다. 내 오른편에는 '시디의 벽'이 있다. 엘피는 너무 커서 마루로 빼냈다. 내 왼편과 뒤편에는 만화책과 책이 꽂혀 있다. 글을 쓰다가 영 풀리지 않을 때면 나는 마치 나를 포위하듯 사방을 꽉 채우고 있는 책과 시디를 둘러본다. 그러면서 감으로 책 하나를 골라서 아무 데나 펼쳐놓고 읽는다. 이거 의외로 효과 있다. 가끔씩 보물찾기처럼 아이디어가 팡 샘솟을 때도 없지 않다. 어디까지나 가끔이라는 게 문제이긴 하지만 어쨌든 그렇다.

음악이 빠질 수는 없다. 40대 중반까지 살면서 피 같은 내 돈을 가장 많이
투자한 게 시디와 엘피다. 그중에서도 작업할 때 주로 듣는 음악은 우리가 과거에
'경음악'이라고 잘못 부르던 연주곡이다. 어쩔 수 없이 클래식과 재즈 위주로 듣게
된다. 가사가 있는 음악은 틀지 않는다. 아무래도 집중력을 방해하는 까닭이다.
이 작업실은 어쩌면 나에게 거의 전부다. 내가 사는 집 내부에 있지만 독립된
유일한 나만의 공간이다. 나는 일을 시작하기 전 마치 의식을 치르듯 다음 과정을
수행한다. 먼저 음악을 틀고, 책상을 깨끗하게 정리한다. 그러고는 자리에 앉아
컴퓨터의 전원 버튼을 꾹 누른다. 컴퓨터가 준비될 동안 사방을 쓱 살펴본다.
시간은 대략 밤 1시쯤. 사방이 차분하게 눌러앉아 있다.
글을 쓰다 보면 아주 가끔씩 어떤 존에 진입했다는 기분이 들 때가 있다. 이 존
안에서는 플레이되고 있는 음악도 자연스럽게 삭제된다. 들리는 거라고는 오직
타닥타닥을 반복하는 기계식 키보드 소리뿐. 이 순간을 나는 정말이지 사랑한다.
어쩌면 이러한 정물적 고요함을 더 자주 느끼기 위해 글을 쓰는 게 아닐까 싶기도
하다. 세상이 아무리 시끄러워도 어디엔가 깊고 조용한, 그래서 자발적 유배지와도
비슷한 공간이 있을 거라고 믿는 것과 비슷한 이치다. 글이 잘 써질 때는 분석적
사고가 거의 일어나지 않는다. 직관에 몸을 맡기면 그뿐이다. 이러한 순간 역시
자주 찾아오지 않는다는 게 함정이긴 하지만 말이다.
다음은 내가 글 쓸 때 틀어놓는 음악 중 일부를 추린 것이다.

'Body and Soul'

John Lewis

이 곡이 실린 앨범 제목이 일단 좋다. [The Wonderful
World of Jazz]. 재즈의 멋진 세계라. 실제 존 루이스는
재즈 역사에서 정말 훌륭한 명연을 여럿 남긴 연주자다.
그중에서도 이 곡은 한껏 나른한 분위기를 유지하면서
절대 듣는 이를 부담스럽게 하지 않는다. 연주가 대체로
포근하다. 글을 쓰기 위한 배경 음악으로 이보다 더 나은
선택지를 찾기 어려울 것이다.

[50 Classical Masterworks]

V.A.

살면서 우리는 꽤 많은 클래식을 듣고 기억에 저장한다.
그럼에도, 클래식 애호가가 아니라면 그 곡들을 다시
꺼내 플레이하기가 아무래도 어렵다. 그런 분들에게 이
음반을 추천한다. 클래식의 명가 '도이체 그라모폰Deutsche
Grammophon'에서 발매한 일종의 컴필레이션이다.
이 음반을 감상하다 보면 알게 될 것이다. "내가 아는
클래식이 꽤 되네." 정말 기본 중에 기본이라 할 곡들만
수록되어 있으니 전혀 걱정하지 않아도 된다.

풍월당 컴필레이션

V.A.

적어도 대한민국에서 클래식 하면 풍월당, 풍월당 하면
클래식이다. 국내 최대 클래식 매장이자 음악 감상실,
출판사를 겸하고 있는 이곳이 없었다면 국내 클래식의
토양은 지금보다 훨씬 척박한 수준이었을 것이다. 음반을
구매하라는 뜻이 아니다. 나는 풍월당과 아무런 이익
관계를 갖고 있지 않다. 그냥 여러분이 쓰고 있는 스트리밍
사이트에 '풍월당'이라고 치고 여기서 발매한 컴필레이션
중 하나를 골라서 틀면 된다. 글 작업할 때 내가 애용하는
방식이기도 하다.

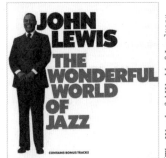

[The Wonderful World of Jazz] (1961)

[50 Classical Masterworks] (2015)

[풍월당 컴필레이션 1 - 클래식을 듣는 당신에게] (2022)

내가 있을 곳

하고 있는 일과 지내는 공간을 통해 설명하게 되는 지난 몇 년간의 생활. 일기 같은 것임을 알지만,
매일을 꿋꿋이 살아내는 이들에게 조용히 알은 채 하고 싶은 마음으로 적어나간다.

글·사진 전진우

침대가 있던 곳

대학교에 다닐 때까지 누워서 잠들던 작은 침대가 부모님 댁에 아직
그대로 있다. 깨끗하게 세탁된 침구와 부푼 베개는 다른 누가 나 대신
눕지 않고 언제든 애틋하게 비워진 채. 그 풍경을 상상하면 정말로
어딘가 누운 것처럼 깊은 회복의 숨을 한번 쉴 수가 있다. 이제 자식들이
제 할 일을 찾아 집을 떠나 더 이상 쓸 사람이 없어서이기도 하지만,
빈자리에는 부모의 신비로운 기다림이 가득 채워져 있다. 가끔씩 집에
들러서 예전처럼 거기에 누워 천장을 바라보면, 식탁에서 나는 소리들을
방문 너머로 듣고 있으면 알 수가 있다.
서울에 나와 살면서 서너 번의 이사를 겪었다. 밥솥과 그릇들을 옮기고
화분과 옷가지를 옮기지만, 늘 잘 곳을 옮기는 일이 가장 중요하다는
생각이 든다. 내가 나를 지켜보지 못하는 동안 편안한 마음으로 누워
있을 곳이 바로 집이라는 생각에서다. 눕기 전에 일어난 수많은 일이
어째서인지 누워서부터 제 의미를 찾아가는 것만 같다. 잠을 무어라고
딱 집어 말하면 좋을까. 빈 침대를 단정히 정리하던 엄마는 대답할 수
있으려나.
액자 제작소를 만들어 일하기 시작한 지 어느덧 4년이 넘었는데,
나는 그동안 거기서 일도 하고 잠도 잤다. 가진 돈이 적어서 일터와
휴식처를 합쳐 생활한 것이다. 목공소에 사는 사람이 세상에 몇이나 될까.
가끔 나뭇가루에 지친 날에는 친구에게 넋두리할 때도 더러 있었다.
한편으로 적응이 되어 무던한 기분이 들던 날도 물론 있었고, 청소를
잘하는 인간으로 거듭난 스스로를 칭찬하는 날도 있었다. 어떤 생활이건
해볼 만하겠다는 생각이 뿌리내린 것이 그간 생활의 소득일까. 심심한
위로로 결론을 내본다. 얼마 전엔 작은 집을 하나 빌려 생활용품을

모두 옮겼다. 일터는 일터로, 집은 집으로 쓸 수 있게 된 것이다. 이제는
출퇴근이라는 단어도 쓰고, 자다가 못다 한 일이 생각나더라도 어쩔 수
없이 계속 누워 있는 생활의 시작이다. 첫 자취 생활 때부터 부모의 혼수
이불을 얻어 와 이사 때마다 들고 다녔는데, 이제는 허락 하에 그걸
버렸고, 침대도 더 큰 사이즈로 마련했다. 작업실에서 만들어 사용하던
나무 침대는 분해해서 깨끗이 닦아 정리해 두었다. 침대가 있던 자리가
별안간 텅 비었다. 여기 이 두 평 남짓한 자리에서 잠들며 모든 것을
받아들이고 또 회복했다고 생각하니 문득 고마운 마음이 일었다. 만약
주인이 없는 들판이나 숲속이었다면, 그대로 두고 종종 찾아오고 싶다는
생각이 들기도 했다. 나는 묘 주변을 관리하듯, 침대가 있던 자리를
구석구석 깨끗하게 청소했다. 그러고 나서 다른 물건을 놓기 시작하면
그 자리는 금세 없던 일이 되리라는 것을 알고 있었기 때문이다.

액자가 있는 곳

아침마다 낯선 곳에서 눈을 뜨는 기분은 이사 초반의 작은 기쁨이다.
'어디지?' 하며 놀랐다가 이불 위에서 편히 쉬고 있는 개와 반바지 입은
나를 발견하는 것. 따뜻한 물 한 잔을 마시면서 천천히 집을 구경한다.
나무도 기계들도 없다. 이전의 환경과 대비가 심하기에 약간의 여행
기분마저 드는 요즘이다. 할 일 없는 집에서의 시간을 보내다가 개와 함께
작업실로 향한다. 십여 분 거리밖에 되지 않는 곳이고 그간 지내면서
다녀본 길이지만, 출퇴근하며 반복적으로 걷는 길은 또 새로운 형식으로
인식되는 것 같다. '출근길' 같은 제목이 생긴달까. 은연중에 여러 번 보게
되는 간판들, 어느 한 집의 특이한 창틀, 매일 닫혀 있는 미스터리한 가게가
있다는 것도 알게 되고, 어느 건물의 공사 진행 상황을 무심결에 매일
체크하게 되기도 한다.
생활의 흔적이 이제는 거의 사라져 버린 작업실에 들어선다. '액자 만들기.'
언젠가부터 이런 제목이 내 생활의 일부분이 되어, 그저 그것을 계속해
나가는 것만으로도 별 탈 없이 삶이 유지되고 있다. 이런저런 사연이
담긴 그림과 사진과 물건이 액자에 담기기 위해 작업실 한편에 모여 있고,
액자가 될 나무들도 조용히 숨 쉬고 있다. 이곳에서의 생활이 고단하기는
했어도 문을 열면 풍겨오는 나무 냄새가 나는 참 좋았다.
나름의 순서로 분류해 놓은 것들을 펼쳐 놓고서 하나하나 어떤 액자를
만들지 고민해 본다. 확신이 들면 노트에 계획을 적고, 몇 번 되뇐 뒤 작업을
시작한다. 툭툭, 이제는 꽤나 자신감을 가지고 팔다리를 부린다. 반듯함을
이루고 두께를 맞추고 나무가 휘는 방향을 하나로 정리하고 잘라내고 잇는다.
이 일을 어떻게 시작하게 되었는지, 액자를 맡기러 온 사람들이 종종
내게 묻는다. 제대로 된 답변을 잘 못하고, 그때마다 조금씩 다른 뉘앙스로
말하는 걸 보면 나조차 이유를 모르거나 혹은 찾고 있는 중인지도
모르겠다. 지금의 기분으로 대답해 보자면, 나는 그저 오래 할 수 있는 일을
찾았던 것 같다. 일을 하는 사람에게는 말 거는 것도 편하고 누군가 계속
찾아와 부탁을 하니까. 성격이 둥글지 못한 나는 사람들과의 자연스럽고
옅은 연결감을 일을 통해 안정적으로 느끼고 싶었다. 그리고 일이라는 게
한편으로는 혼자서도 잘 있게 돕는다는 생각도 했다. 혼자 잘 있는 것이
관계의 시작 아닌가. 그러고 보면 나는 사람을 무척 좋아한다.
오래 일하려면 매일 조금씩이라도 능숙해지는 기술이어야 했고, 유행을
탄다거나 너무 복잡한 상호작용 속에 있으면 곤란했다. 클래식한
물건이어야 했다. 마침 목공 기술을 몸에 익혔으니, 액자를 만들기
시작했던 것이다. 자정 무렵에 조용히 나무를 다듬으며 라디오를 듣고
있으면, 세상을 더 구경하고 싶은 에너지가 차오르는 걸 느낀다.
완성된 액자들에는 나름의 메시지가 각각 담겨 있다. 나만 알고 있는
작은 문제점들이나 아름다운 점들이 내게 말을 건다. 액자를 받아보는
순간의 표정, 시간이 지나 액자가 걸려 있다는 걸 잊고 지내는 사람들의
표정까지 한번 상상해 본다. 액자라는 물건의 특징은 어딘가에 걸려 자꾸만
노출된다는 점이다. 가끔 내가 만든 액자를 전시장이 아닌 카페나 숙소,
누군가의 인터넷 게시물에서 우연히 볼 때가 있다. 수다스러운 새처럼,
소나기처럼 이따금씩 만나게 된다. 물건을 만드는 사람으로 느끼는
큰 기쁨이 아닐 수 없다.

적당히 소란스러운

글 이주연 일러스트 휘리

"엄마 나 배 속이 파도쳐. 울렁거려."

"왜?"

"몰라, 토할 것 같아."

"뒷좌석에서 뭐 했어?"

"책 읽었어."

"그러니까 그렇지!"

이게 무슨 말이지? 집에서 책을 읽으면 구역질이 나지 않는데, 차에서 읽으면
구역질이 난다고? 독서는 좋은 거라고 배웠는데, 토할 것 같은 기분이 든다고?
왜? 휴게소에 내려 콜록콜록 기침하면서, 숨을 헐떡이면서 이건 너무 고약한
고통이라고 생각했다. 속이 메스껍고, 머리가 아프고, 배 속에서 크고 작은 파도가
쳤다. 눈물이 핑 돌면서 울기 직전까지 갔을 때, 아빠가 등을 쓰다듬으며 공기를
크게 마시라고 했다. 울렁이는 속을 가라앉혀 줄 거라면서. 공기가? 매일 마시는
건데, 이 공기가 약이라고? 자동차에서 노래를 크게 부르는 건 괜찮은데, 책을
읽으면 배 속에 파도가 생긴다고? 그때는 모든 게 새롭고 모든 게 이상했다.
멀미라는 것을 처음 경험했을 때의 일이다.

유치원 시절, 소풍 가는 날이면 귀 뒤에 뭔가를 붙이고 나타나던 애들이 있었다.
그땐 그게 뭔지 몰랐다. 굳이 물어볼 생각도 하지 않았다. 어느 날, 선생님이
내 짝꿍 이름을 부르면서 "엄마가 잊지 말고 '키미테' 붙여주라고 하셨어."
하길래 그게 뭔가 유심히 보았더니 소풍날에만 나타나는 그 작고 동그란 밴드
같은 거였다. 그때 처음 알았다. 멀미하는 친구들이 그걸 붙이고서 파도치는 속을
잠재운다는 것을.

좋아하는 만화책에 이런 장면이 있다. 비 내리는 어느 날, 여자 주인공은 버스에서
책을 읽기 시작한다. 책에 흠뻑 빠져 내리는 걸 잊은 주인공을 친구가 허겁지겁

데리고 내린다. 주인공은 버스에서 헐레벌떡 내리자마자 "우엑! 메스꺼워!" 하고
어릴 적 나처럼 허리를 숙여 헛구역질한다. 친구가 말한다. "비 오는데 책을
읽으니까 그렇지." 아, 그렇구나. 버스에서 책 읽는 것도 힘들지만, 거기에 비까지
내리면 완벽히 멀미하게 되는구나.

꼭 멀미 때문은 아니지만 버스보다는 전철이 확실히 좋다. 버스는 하차 벨을
눌러 '저 내려요!'를 알려야 하고, 그 행동이 버스 기사를 신경 쓰이게 하는 것
같아 멋쩍고 부끄럽다. 반면 전철은 모든 역에서 자유로이 타고 내리게 하니까,
좀처럼 누군가를 신경 쓰이지 않게 한다는 점에서 좋다. 어려서는 인천에, 조금
커서부터는 줄곧 부천에 살았다. 너무 어려서 기억하지 못하는 집도 한 군데
있지만 그걸 포함하더라도 서울에 살아본 적은 없다. 그런데 왜 어른이 되고 나서
다닌 학교는, 회사는 전부 서울이었을까. 그게 이상하다고 생각해 본 적은 없다.
그 점이 이상하다. 생각해 보면 어른이 되고 나서는 약속도 대부분 서울이다.
"어디서 만날까?" 물을 때의 '어디'는 대체로 서울시다. 보통은 연남이나 연희,
서촌이나 망원 등으로 요약된다. 그래서 나는 집 밖으로 나가는 날이면 항상 이동
시간이 길었다. 목적지까지는 짧으면 한 시간, 길면 두 시간, 아주 길면 두 시간
반에서 세 시간까지도 걸린다. 오가는 시간을 합하면 교통수단에서 두 시간에서
다섯 시간까지도 머무는 셈이다. KTX였다면 대전이나 대구는 물론이고, 부산에
가고도 남을 시간이다. 쓰고 보니 굉장하다. 그 시간 동안 전철에서는 할 수 있는
일이 생각보다 많다. 전철에서 특히 좋아하는 일은 책 읽기고, 내릴 역에 딱 맞춰
책 한 권을 끝내는 날이면 무척 기분이 좋다. 집에서 한 권 읽을 때보다 뿌듯하고
생산적인 기분이 드는 건 왜일까. 심지어 집중도 잘된다. 그렇게 믿다 보니
이러저러한 이유를 붙여 전철에서 더 바지런히 책을 읽게 되었다. '전철에서 책
읽는 사람'이라는 역할도 (침착해 보여서) 마음에 들고.

벗어나선 안 되는 자리

전철에서 시간을 오래 보내다 보면 그 안에 함께 머무는 사람들을 유심히 관찰하게
된다. 많은 사람이 휴대폰을 보고 있다. 드라마, 혹은 예능 프로그램을 보거나
유튜브, SNS를 보는 것도 같다. 그들은 대체로 웃음을 한껏 참는 얼굴로 어딘가
자연스럽지 못한 자세를 하고 있다. 그 부자연스러움이 어디서 오는 걸까 한참
생각하다 알게 됐다. 다소 기이하게 뻗어 나온 목 때문이다. 그 자세를 인지한
뒤부터는 휴대폰을 볼 때 의식적으로 눈높이까지 액정을 추켜든다. 목이 길게
뻗어 나온 채 매일 두세 시간씩 이동한다면 훗날 몹시 이상하게 구부러진 할머니가
되어 있을 테니까. 목이 길게 뻗어 나와 구부러진 할머니, 눈이 나빠 인상을 찌푸려
미간에 주름이 진 할머니, 엄지를 많이 써서 손가락 하나만 기역 자로 구부러진
할머니…가 되는 건 조금 싫다. 애써 휴대폰을 보지 않으려 노력하지만 그런
다짐도 마감 앞에서는 맥을 못 춘다. 전철은 나무랄 데 없는 좋은 작업실이어서,
나는 신경 써서 고개를 빳빳이 들고 휴대폰을 눈높이까지 올리는 걸 면죄부 삼아
모바일로 원고를 쓴다. 이동 시간에 짬짬이 하는 글쓰기는 생각보다 효율적이다.
모바일 화면으로 보는 원고는 컴퓨터 모니터로 볼 때와 행갈이가 달라져 확실히
다른 느낌을 준다. 거창하게 말하자면 입체적으로 읽어보는 것이 가능해진다.
물론 작업이 거듭돼 귀찮아질 때도 있다. 잘 마쳤다고 생각한 글이 별로일 때도
하고, 컴퓨터 모니터로는 잘 읽혔는데 휴대폰으로 보니 한 호흡으로 읽히지 않는
글도 있다. 괜히 이동하다가 원고를 꺼내보는 바람에 수정하게 됐다고 여길 때도
있지만, 이동 중에 한다고 생각하면 어쩐지 효율적이라는 생각이 든다. 한짐
내려놓는 기분이다.

티끌 모아 태산이라더니 전철을 작업 공간으로 쓰니 내 시간이 늘었다. '마감러' 행세를 하며 새벽에 깨어 있는 일이 비교적 줄었고, 바쁘다는 이유로 내 시간에 소홀하지 않을 수 있게 됐다. 거기까진 좋았다. 그러나 인간의 욕심은 끝이 없다고 했나. 시간을 쪼개 쓰는 쏠쏠함을 알게 되고 재미를 붙이다 보니 점점 무모해지기 시작했다. '조금만 더 하면 되는데?'라는 생각이 꼬리를 물면서 내릴 타이밍이 지나서도 계속 휴대폰을 붙들고 있는 일이 잦아진 것이다. 전철에서 내릴 때도, 환승 플랫폼으로 걸을 때도, 열차를 기다리면서도, 계단을 오르면서도 원고를 닫지 못하고 휴대폰을 보면서 이동하는 그런 무모함. 그것은 마치 바퀴 달린 의자 위에 올라서서 책장 가장 높은 칸의 책을 꺼내는 것처럼 아슬아슬한 일이었다. 그러던 어느 날, 가속도가 붙은 원고 작업을 끊지 못하고 이동하던 중에, 붐비는 환승역 계단에서 발을 잘못 디뎌 앞으로 고꾸라지고 말았다. 넘어지는 순간 뭔가 잘못됐다는 생각이 들었다. 그 찰나의 순간에도 이대로 넘어지면 치아가 부러질 것 같아 입술부터 앙다물었다. 양손으로 휴대폰도 감싸 쥐었다. 그런 모습으로 계단을 뒹굴었다. 천만다행으로 치아도, 휴대폰도 지켰지만 수정하던 원고는 온데간데없이 사라졌고, 가방에 넣어둔 텀블러는 내 것이라 하기 민망할 정도로 멀리서 나뒹굴고 있었다. 이상할 정도로 어깨가 아팠다. 작은 욕심으로 작업 공간을 너무 멀리 벗어난 대가였다. 계단 아래 엎어진 채 "아프다…." 말하면서 얄궂게도 작업 공간이란 무엇일까 생각했다. 작업 공간은 멈춰 있을 수도, 움직일 수도 있으나, 작업자가 움직이며 바꾸어서는 안 되는 것이었을까? 넘어지고 나서야 하는 이런 생각은 고통과 창피함에, 사라져버린 원고에 아무런 도움도 주지 못했다.

지루할 수 없는 자리

전철 소리에 귀 기울이면 청각이 먼 곳으로 내달린다. 쿠궁, 쿠궁, 쿠궁, 일정하게 바퀴가 구르고 선로와 부딪는 소리, 문이 열리고 닫히는 소리, 정차 역을 알리는 소리…. 반복되는 소리에 정신을 맡기면 청각부터 하나씩 감각이 소실되고, 이내 집중하고 싶은 것 한 가지만 차분하게 남는다. 학창 시절에도 적당한 소음이 있는 곳에서 공부하길 좋아했다. 쥐 죽은 듯 조용한 독서실에서 책을 펼치면 엉덩이부터 등허리까지 근질근질해서 집중이 되지 않았다. 책 넘기는 소리가, 연필로 쓰는 소리가 남들에게 거슬릴 것 같았고, 숨소리마저 조심하게 되어 뭔가 옥죄는 기분이었다. 그런 이유로 잠잠한 독서실이나 교실보다는 적당히 소란한 방구석이나 후미진 카페가 좋았다. 그러니까 전철에서 들리는 일정한 소음 속에서 집중을 더 잘하게 되는 건 나한텐 당연한 일이었다. 전철에서 글자에 훨씬 깊이 빠져들 수 있다고 믿고 나니 정말로 섬섬 너 그렇게 되는 것 같았다.

그러나 전철에서 할 수 없는 일도 있다. 글자를 읽는 것도, 글을 수정하는 것도, 이야기를 생각해 내는 것도 가능하지만 손 글씨만큼은 쉽지 않다. 적당한 진동과 움직임 때문에 책에 밑줄만 그어도 직선으로 곱게 그려지지 않는다.

친구를 만나러 가는 길, 친구에게 줄 편지를 끝맺지 못하여 전철에서 쓰려다가 이름 두 자도 쓰지 못한 채 엉망이 된 편지를 마주한 적이 있다. 너무 괴발개발이라 헛웃음이 났다. 편지지를 가방에 넣고 전철에서도 못 하는 게 있다면서 하릴없이 주변을 관찰하는데, 맞은편에 앉은 사람의 쩍 벌린 다리가 눈에 띈다. 언젠가부터 사람들은 그런 자세를 가리켜 '쩍벌'이라 부르기 시작했다. 그것은 대체로 흉이다. 그러나 그날 본 '쩍벌'은 좀 달랐다. 눈살 찌푸리며 고개 돌리게 되던 이전의 '쩍벌'과는 달리 자꾸 시선이 가고 나도 모르게 웃음이 나서 입꼬리에 힘을 주어 아래로 당겨야 했다. '쩍벌'의 주인공은 입가에 끈적한 침을 흘리며 세상모르게 자고 있는 아이. 엄마 팔에 머리를 기대고 작고 짧은 다리를 한껏 벌려도 1인용 의자에 가득 차기는커녕 절반도 채 되지 않는 모습은 만화에 담긴 자그마한 한 컷 같아 정겹고, 참을 수 없는 귀여움이라 자꾸만 웃음이 났다. 그냥 지나쳐버리고 싶지 않아 가방에서 편지지 대신 일기장을 꺼냈다. 엉망이어도 좋을 글씨로 눈앞의 풍경을 그리고 적었다. 전철의 흔들리는 진동에 맞춰 아이의 실루엣은 전기 오른 피카츄처럼 뾰족뾰족 솟아올랐지만 그런 그림만으로도 좋았다. 집에 돌아와 그 장면을 복기하며 나 홀로 몇 번이나 "귀여워!" 몸서리쳤던가.

결국 그날 맺지 못한 편지는 전철에서 내려 한 자 한 자 적어 완성했다. 플랫폼 계단께 어딘가가 대리석으로 마무리되어 매끄러운 책받침이 되어주었다. 선 채로 글자를 적으니 플랫폼은 거대한 작업실이 되었고, 대리석은 좋은 책상이 되어주었다. 작업실이란 내가 무언가를 해낼 수 있도록 품을 내어주는 공간이고, 집중할 수 있도록 친히 존재감을 지워주는 공간이며, 때때로 너무 익숙해서 작업실이라고 인지하지 못하게 되는 공간이기도 하다. 전철이 지나가는 소리를 들으면서, 문이 열리고 닫히는 소음 사이에서, 듣고 있다는 사실을 잊어가면서 나는 편지를 적고, 봉투에 담고, 스티커를 붙이고, 받는 이의 이름을 적었다.

나는 지루해질 틈을 주지 않는 이 작업실을 좋아한다. 가끔 책에 밑줄을 긋다 연필을 떨어뜨려 머쓱해지기도 하고, 이동길에 바지런히 작성한 원고가 다시 보니 엉망이라 뒤엎을 때도 있고, 작업을 끊지 못해 몇 정거장 더 가버릴 때도 있지만, 일정한 소음과 관찰할 거리가 있고, 지금껏 해온 것들이 맘에 들지 않는다며 내팽개쳐도 아무도 뭐라 하지 않는 곳. 나는 이 공간의 무신경함과 덤덤함, 그리고 언제나 품을 내어주는 아량을 좋아한다.

"이거이거이거이거!! 누가 그랬어!!"

로셀토에 충실한 사람

글·그림 한승제 — 무하하하하프렌즈

가구를 닮은 비닐을 조심스럽게 걷어내자 비닐 위에 쌓인 먼지가 부서져 흩날린다. '으악!' 공기를 내뱉은 채로 잠시 숨을 참고 한쪽 구석에 조심스럽게 비닐을 접어 둔다. 먼지 쌓인 바닥을 공업용 청소기로 빨아들이면 붉은색 마루바닥이 마치 크레파스로 칠한 것처럼 선명하다. 이것은 내 집에서 몇 달째 계속되고 있는 처절한 광경이다. 더러워졌다 깨끗해지는 바닥을 만나는 건 순간의 즐거움이기도 하지만 매일 그 짓을 반복하는 건 꼼꼼한 명령이 짓에 부과되는 지긋지긋한 형벌이다. 콘셉트에 충실하다보니 나는 먼지와 걸레질의 반복되는 굴레 속에서 살게 되었다.

지난여름 집을 이사한 후 몇 달이 되도록 가구가 자리를 잡지 못했다. 거실에 놓인 가구를 이리 옮기고 저리 옮겨봐도 계속해서 텅 빈 구석이 발견되었고, 그 이유는 무엇일까 곰곰이 생각해보기 전에 나는 또다시 가구 위치를 옮긴다. 가구를 이는 자리에 필요 이상으로 넘버되는 공간이 발견되었다. 이를테면 소파에 앉아 벽을 바라볼 때 저 벽이 필요 이상으로 멀었고, 그래서 배치를 바꿔보면 어딘가에 식탁을 하나 더 둬도 될 것 같은 헐렁한 공간이 나타났다. 넓지도 않은 이 집에 남는 공간이 생긴다는 게 낭비처럼 느껴졌다. 하지만 조건을 잃어버린 퍼즐처럼 아무리 채워보아도 빈 곳을 메울 수는 없었다. 여러 번 가구를 배치해 봐도 결과는 매번 같았다. 애매한 공간은 이리저리 자리를 옮겨가며 나타났지만 어째서 어떻게 봐도 잘 사라지지 않았다. 그러다 문득 깨닫게 된 것이다. 나한테는 거실이 필요 없다는 사실을.

보통 집에서는 거실 면적이 가장 넓다. 가족이 모두 함께 쓰는 물건이 거실에 있기 때문이다. 가족이 모두 함께 쓰는 물건 중 가장 큰 것은 단연 텔레비전이다. 모두가 둘러앉아 식사하는 커다란 식탁과 가족이 함께 앉아 텔레비전을 보는 커다란 소파 그리고 벽에는 큰 텔레비전. 텔레비전은 큰 공간을 차지하진 않지만 텔레비전에서부터 소파까지의 거리가 거실 크기에 큰 영향을 미친다. 큰 텔레비전을 놓으려면 텔레비전에서 소파까지 거리가 무척 멀어야 하고, 그 사이는 아무것도 놓이지 않은 채로 비워져 있어야 한다. 텔레비전으로부터 어느 정도 떨어진 거리에 소파가 있는 건 조금도 어색한 풍경이 아니지만, 하얀 벽에서부터 조금 떨어져 있는 소파는 허전하기만 하다. 무언가 있었다가 없어진 자리처럼 허전하다. 벽과 소파 사이에 놓였던 무언가 부서져 버려 잠시 비워 둔 공간처럼 보인다.

한데 주거의 계산식으로 만들어진 거실의 크기는 나한테는 참 애매하다. 가족과 모여서 무엇을 할 일도 없는 이 집에서, 소파에 기대어 앉아 커다란 텔레비전을 보지 않는 이 집에서 거실은 필요 이상으로 넓어서 창고를 넓히고, 거실 크기를 조금 줄여서 주방을 키우고, 그런 식으로 거실 면적을 조금씩 떼어서 다른 공간에 나눠 주면 더 살기 좋은 집, 살림하기 좋은 집이 만들어질 것 같았다. 그러나 이미 오래전에 굳어버린 콘크리트를 어째할 수는 없으니…. 나는 이제 가구 옮기기를 그만두고 어딘가 허전하게 비워진 이 공간을 차라리 다른 이름으로 불러야겠다고 생각했다. 무언가 만들 수 있는 넓은 공간으로 사용하기로 하고 작업실이라고 부르기로 했다.

나는 스스로를 조련할 줄 아는 사람으로, 나를 움직이게 만드는 법을 안다. 나를 움직이게

행복하고 싶어요

만드는 법은 나에게 빈 곳을 보여주는 것으로, 빈 액자나 빈 상자 등 비워져 있는 무언가를 보면 설레는 마음이 들어 가슴이 두근두근하고 거실 무엇으로 채울지에 대한 생각으로 머릿속이 가득 차 이곳저곳을 둘러보기 시작한다. 가끔 나는 참 쉽다. 빈 액자가 있다면 그것을 채울 만한 그림을 찾아다니고, 빈 상자가 있다면 그 안에 들어갈 만한 사물들을 찾아다닌다. 나에게 빈 공간은 활력소가 되어준다. 멍청한 거실에 작업실이라는 이름을 붙이는 것이 좀 멍청난 갑기는 했으나 그 멍청난에서 나는 설레기 시작했다. 작업실은 비워져 있는 공간이고, 작업실이라는 이름은 무언가가 만들어지기 위한 장소의 이름이니까.

누군가는 작업실이라고 하면 노란색 불빛 아래 창작에 몰두하는 소박한 공간을 떠올리겠지만, 내가 생각하는 작업실이란 공사 현장이랑 다를 바가 없는 곳이다. 작업실은 마음 놓고 소음과 먼지를 발생시키는 곳이어야 한다. 그래야 무언가 해보려는 시도라든지 먼지로 뒤덮이는 일이 때문이다. 소음과 진동이 수시로 발생하고 먼지가 뒤덮이는 굳이 아니라면 굳이 작업실에서 할 필요가 없기 때문이기도 하다. 그러므로 차고나 지하실이 아닌, 집 안에 작업실을 만들려는 사람이라면 소음과 먼지에 대한 대책을 먼저 마련해 두어야 한다. 문을 만들어 작업실과 생활 공간을 분리해야 하고, 소음과 진동이 이웃에까지 미치지 않도록 벽과 바닥을 보강해야 한다. 가구 옮기를 그만두고 곧바로 시작한 일이 작업실을 조성하는 일이었다. 그것이 거실처럼 생긴 작업실에서 벌인 첫 작업이었다.

쓸데없이 큰 4인용 식탁은 작업 테이블이 되었다. 거실 한가운데에 작업 테이블을 놓고 다양한

공구를 사용하기 좋게 펼쳐 놓았다. 그리고 집 여기저기를 뜯어보기 시작했다. 평소 눈에 거슬리던 플라스틱 몰딩을 뜯고 반짝거리는 황금색 재질의 붙박이장을 집에 비해 지나치게 내친김에 쓸데없는 곳에 서 있는 석고보드 벽에 구멍도 뚫어보고, 집에 비해 지나치게 고급스러운 대리석 세면대도 뜯어버리고…. 간단하게 작성하면 체력적으로 무척 힘든 시간이었다. 안타깝게도 지난한 공사 과정은 지난여름부터 지금까지도 현재진행형이다. 그저 작업실을 만들려고 한 것뿐인데, 나는 공사장 한편에 누워 한참을 특이한 사람이 되었다. 일로 지친 어느 날 집에 들어와 보니 집 곳이 많이 아니었다. 폐기물 봉지가 한가득 쌓여 있었고 작업 여기저기 널브러져 있었다. 주인이 없는 사이 너무나도 심심했던 말썽쟁이 강아지가 엉망으로 만들어 놓은 집 안의 꼴 같았다. 강아지 녀석을 앞에 놓고 "누가 그랬어!?"라고 혼내야 하는데 이 집의 주인도, 집안을 엉망으로 만들어 놓은 강아지도 나다. 어쩌다 집이 이 지경까지 되었는지 되돌아보다가 너무나도 순진한 콘셉트 때문에 이렇게 되어버렸다는 것을 알게 되었다. 처음부터 거실이 빈 공간을 이상하게 생각하지 않았더라면, 아니 '거실이 조금 허전하군.' 혼잣말한 후 텔레비전을 들여놓았더라면 집은 이렇게 난리가 나지 않았을 것이다. 밖에서도 안 쓰는 마스크를 집 안에서 쓰고 숨을 참아가며 이웃집이 듣지 못하도록 않고 참는 기분으로 지냈을지도 모른다. 마스크를 쓰고 숨을 참아가며 이웃집이 듣지 못하도록 조용하게 집안 곳곳의 가려운 부분을 긁어내고 있다.

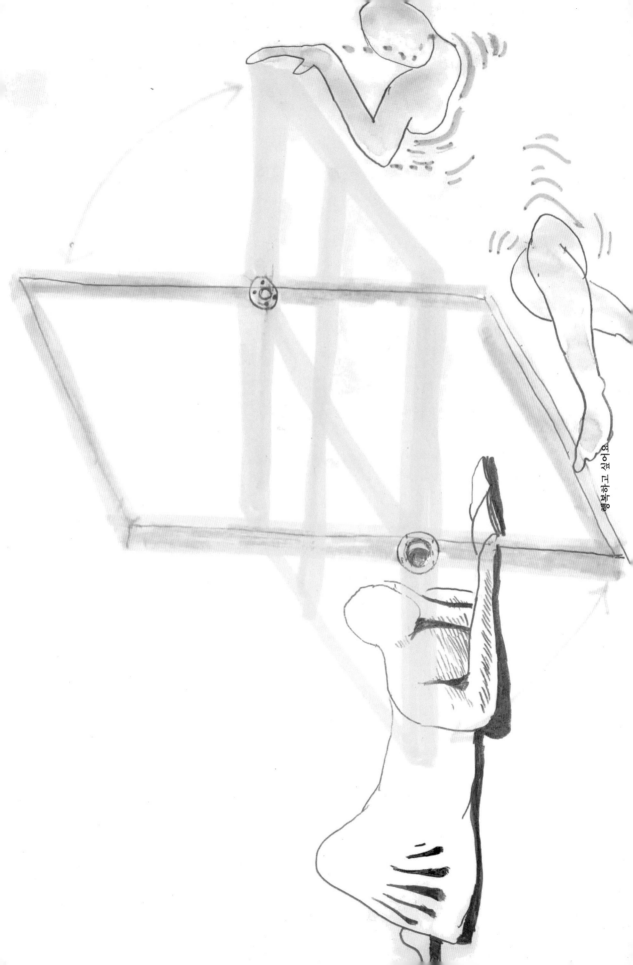

옆에서 본 풍경이

내 자리를 찾을 수 있을까

글 한수희
일러스트 오하이오

영화 〈어시스턴트〉(2019)를 보다가, 머릿속이 온통 저 질문으로 가득 차 있던
오래전 나의 어시스턴트 시절이 기억났다. 나도 내 자리를 찾을 수 있을까?
세상에 내 자리가 있기는 할까? 그게 너무 궁금하고 걱정이 돼 점도 보고
타로도 보고 사주팔자도 봤는데, 무슨 이야기를 들었는지는 하나도 기억이
나지 않는다. 뭐, 어쨌든 지금 여기 이렇게 살아 있기는 하니 그걸로 됐다.

대학 4학년 겨울 방학, 나는 아직 취직자리를 구하지 못했다. 지금 생각해 보면 회사라고 부를 수도 없을 회사들에서도 면접을 봤으나 거기서조차 다 떨어졌다. 결국 나를 불러준 곳은 한 달에 2주를 일하고 30만 원을 받는, 어느 패션 잡지사의 편집 보조, 그러니까 어시스턴트 자리였다.

나는 그 잡지사에서 1년을 일했다. 직급도, 자리도 없는 나는 기자들이 외근을 하면 비는 자리를 찾아 옮겨 다니며 일을 해야 했다. 전화를 걸고, 전화를 받고, 검색을 하고, 복사를 하고, 퀵서비스를 부르고, 소품을 사고, 샌드위치와 주스를 포장해 왔다. 어시스턴트 아르바이트생에게 친절한 사람은 많지 않았다. 만나자마자 "너는 어디서 뭐 하다가 여기까지 왔냐?" 하고 빈정대던 사람도 있었고, 일하는 내내 '너 따위엔 관심 없으니까 일이나 똑바로

미스터 하네다는 미스터 오모치의 상사였고, 미스터 오모치는 미스터 사이토의, 미스터 사이토는 미스 모리의, 미스 모리는 나의 상사였다. 그런데 나는, 나는 누구의 상사도 아니었다. 이걸 다르게 얘기해 볼 수도 있을 것이다. 나는 미스 모리의 지시를 받았고, 미스 모리는 미스터 사이토의, 미스터 사이토는 또…… 하는 식으로 말이다. 그리고 정확성을 위해 덧붙이자면, 밑으로는 위계 서열을 뛰어넘어 지시가 내려질 수도 있었다.

그러니까, 유미모토사에서, 나는 모든 사람들의 지시 아래 있었다.

— 아멜리 노통브, 《두려움과 떨림》 중에서

1년에 한 번쯤은 책장에 꽂힌 아멜리 노통브의 소설 《두려움과 떨림》을 꺼내 읽어본다. 사실 내가 읽은

해.'의 표정과 말투로 일관하던 사람도 있었다. 그 시절 가장 견디기 힘들었던 점은 내가 아무것도 아니라는 사실이었다.

경력이 없는 사람은 이 사회에서 아무것도 아니다. 그래서 무엇으로라도 나를 증명해 보여야 한다. 똑똑하거나, 일을 기똥차게 잘하거나, 성격이 밝고 싹싹하거나, 아니면 예쁘고 잘생기거나 매력적이기라도 해야 한다. 나는 그중 어디에도 해당되지 않았다. 나는 정말로 아무것도 아니었다. 그럼에도 나는 그 1년을 그럭저럭 헤쳐 나갈 수 있었는데, 그것은 그곳에서 만난 같은 처지의 친구들 덕분이었다. 나는 그 애들의 호의에 기대어 캄캄한 무명의 시기를 버텨냈다.

아멜리 노통브의 책은 이것이 유일하다. 한때 모두가 이 프랑스 작가의 소설을 읽고 있었지만, 당시 너무 힙하던 그녀의 소설은 내 취향이 아니었다. 하지만 세월이 흘러 헌책방에서 발견한 이 책은 무척 마음에 들었다. 제목도 좋고, 얇은 양장본의 느낌도 좋았다. 그리고 책 속의 가볍고 우스꽝스럽고 슬프고 이상한 이야기들이 좋았다. 지금도 마찬가지로 좋다.

벨기에인인 아멜리는 어린 시절 일본에서 자란 추억을 잊지 못해, 일본의 종합상사인 유미모토에 계약직 사원으로 취업을 한다. 하지만 기괴해 보일 정도로 엄격한 이곳의 위계질서에서 아멜리는 이물질 같은 존재다. 모두들 이 이방인에게 무슨 일을 시켜야 할지 몰라 곤혹스러워한다.

아멜리의 상사 모리 후부키는 그림 속의 여자처럼
아름답다. 하지만 그녀에게는 키가 180센티미터나
된다는, 일본 여자로서는 치명적인 핸디캡이 있다.
아멜리는 후부키의 아름다움을 경외한다. 그러나 다른
부장의 중요한 계약 건을 돕다가 후부키에게 밉보인 후,
그녀가 시키는 온갖 무의미한 잡무를 하다가 화장실
청소까지 하는 처지가 된다.
그럼에도 아멜리는 우스꽝스러운 연극 같은 일본식 회사
생활을 멀리에서 바라볼 수 있다. 그녀에게는 이 회사의
밖, 이 섬나라의 밖에 다른 세계가, 최소한 이보다는
좀더 합리적인 세계가 존재한다는 인식이 있다. 하지만
이 안에서 평생을 시들어가는 후부키 같은 여자에게는
그렇지 않다. 후부키는 이 세계의 가련한 피해자인
동시에, 이 세계를 떠받치는 무수하고 굳건한 기둥 중의

나로서는 불가능한 일이었다.
— 《두려움과 떨림》 중에서

매력적인 젊은 여배우, 줄리아 가너가 연기하는 영화
〈어시스턴트〉의 주인공은 한 영화 제작사 대표의
어시스턴트다. 대학을 졸업한 그녀는 영화 제작자가
되고 싶어 이 회사에 들어왔다. 하지만 치열한 경쟁률을
뚫고 얻어낸 이 자리에서, 그녀가 하는 일은 대표의 온갖
뒤치다꺼리뿐이다.
그녀는 해가 뜨기도 전에 출근을 하고, 해가 지고 난
후에야 퇴근한다. 사람들은 그녀의 이름조차 부르지
않는다. 오디션을 보러 온 늘씬한 배우 지망생은 그녀를
옷걸이 취급한다. 그녀는 중역들이 회의 도중 남긴 빵
부스러기를 치우고 설거지를 한다. 심지어 바람둥이

하나다. 후부키는 자신의 커다란 키를 부끄러워하고,
아직 결혼하지 못한 처지를 부끄러워하며, 남자들보다
유능하지만 그들처럼 승진할 수 없는 신세를 한탄한다.
후부키가 아멜리를 미워하는 이유는 아멜리가 감히,
외국인에 말단 계약직 사원인 주제에 자신도 아직 닿지
못한 자리를 넘보았기 때문이다. 아니, 어쩌면 아멜리가
날 때부터 일본 여자들은 꿈꿀 수 없는 자리에 있었기
때문인지도 모른다.

내 자리에서, 유미모토의 44층 화장실에서, 간부 한 명이
남기고 간 쓰레기의 잔해를 문질러 닦고 있노라면
이 건물 밖에, 여기서 전철로 열한 정거장 거리에,
사람들이 나를 사랑하고 존중하며, 변기 세척 솔과 나를
전혀 연관 짓지 않는 곳이 있다고 생각하는 게

대표가 시골에서 데리고 온 어린 여자애를 호텔에
데려다주고, 그 여자애와 함께 있는 대표를 찾으며
분개하는 사장 아내의 전화까지 받아야 한다. 그런 일들을
하느라 그녀는 아빠의 생신마저 잊어버렸다. 하루 종일
여기저기서 시달린 그녀가 끝내 화를 터뜨린 대상은,
그녀보다 아래에 있는 거의 유일한 사람, 바로 대표의
운전기사다.
그녀는 점점 자신이 원하지 않았던 사람이 되어간다.
그녀가 하고 있는 일은 영화의 '영' 자와도 관계가 없는
일이다. 그렇다고 이 일에서 벗어나 승진을 하면, 정말로
원하던 영화 제작 일을 하게 되면 행복해질까? 매일
마주치는 중역들의 삶도 피폐해 보이기는 마찬가지다.
권태와 짜증과 수심으로 가득 찬 얼굴들. 쥐 죽은 듯이
조용한 사무실. 종종 들려오는 한숨과 속삭임, 은밀하게

낄낄거리는 웃음소리. 그녀의 마음을 설레게 하던 영화는 어디에 있는가? 나는 과연 여기에서 무얼 하고 있는 건가? 영화를 보다가 나의 어시스턴트 시절이 다시금 생각났다. 그들은 어시스턴트를 줄여서 '어시'라고 불렀다. 그들 중에는 '어시'가 '어시스트'의 준말인 줄 아는 사람들도 있었다. 나는 저런 사람들이 어떻게 저 자리까지 올라갔는지 궁금했다. 나중에야 그 비결을 알게 되었는데, 그들은 정말 독한 여자들이었다. 웬만큼 독하지 않고서 그 시절의 패션 잡지계에서 버텨내기는 힘들었다. 마감 전 이런저런 잡무로 밤을 새울 때면, 나는 건물 테라스로 나가 담배를 태우면서 고요한 정동길과 서소문길을 내려다보곤 했다. 그곳은 지옥이 아니었고 내 기분도 나쁘지 않았다. 나는 아직 젊었고, 하고 싶은 일이 많았으며, 언젠가는 반드시 어딘가에서 내 자리를, 내 이름을 찾겠다는 희망을 품고 있었다. 어쩌면 여기에 내 자리가 생길지도 몰랐다.
내가 정신을 차리게 된 계기는 1년이 지나 공채 시험에서 합격한 정규직 사원들이 입사했을 때였다. 그들은 나보다 어린, 갓 대학을 졸업한 여자애들이었고, 잡지 일에 대해서는 아무것도 아는 게 없어 보였다. 하지만 그들은 '기자님'이었다. 나는 여전히 '어시'였다. 그들과 나의 차이는 단 하나, 들어온 문이 다르다는 것뿐이었다. 나는 더는 여기에 있을 수 없겠다는 결론을 내렸다. 이제는 정말 제대로 된 일자리를 찾아야 했다. 그해 겨울 나는 열심히 취업 포털 사이트를 들락거리다가 겨우 겨우 조그마한 애니메이션 회사의 기획팀에서 합격 통보를 받았다. 잡지사도 아니고 그저 그런 회사일 뿐이었지만, 이제 나는 어시가 아니라 정직원이었다. 더는 빈 책상을 찾아 옮겨 다니거나 잔심부름을 하지 않아도 됐다. 여기에는 내 책상과 내 컴퓨터와 내 전화기가 있었다. 나만을 위한 내선 번호도 있었다. 사람들은 내 이름을 불러주고 내 의견을 존중했다. 나도 엄연한 회의의 일원이었다. 그것이 얼마나 기뻤는지 모른다. 물론 그 기쁨은 1년 남짓한 시간이 지나자 흔적도 없이 사라져 버렸지만.

누구에게나 자리가 없던 시절은 있다. 모두가 자기 자리를 찾겠다는 희망을 품고 사회로 나온다. 자리가 없고 이름이 없는 시간은 결국 지나갈 것이다. 이력서의 빈 칸들은 조금씩 채워질 것이고, 사무실 한구석에는 정말로 나의 자리가 생길 것이다. 함께 낄낄댈 동료도, 그럴 듯한 휴가 계획도 생길 것이다. 어느 순간 인간에게는 과연 하루 몇 시간의 노동이 정당한가. 살아가기 위해서는 얼마만큼의 돈이 있어야 하는가. 인간은 과연 일하기 위해서 태어났는가. 따위의 돌파구가 없는 질문들이 용천수처럼 솟아날 것이다. 그리고 우리의 초짜들을, 어시스턴트들을,

무경력의 존재들을 안쓰럽고, 못마땅하고, 대견한 눈으로 바라보게 될 것이다. 우리의 과거를 잊어버린 채. 아니, 더는 그 과거를 돌이키지 않아도 좋다는 사실에 안도하면서.

본능적으로, 나는 창가로 걸어갔다.
나는 이마를 창문에 갖다 대고 내가 그리워할 게 바로 이것이라는 사실을 깨달았다. 44층 꼭대기에서 도시를 굽어보는 것이 모두에게 주어진 기회는 아니었다. 창문은 추한 불빛과 감탄을 자아내는 어둠 사이에 있는, 화장실과 무한 사이에 있는, 위생적인 것과 씻어 낼 수 없는 것 사이에 있는, 수세 장치와 하늘 사이에 있는 경계였다. 창문이 존재하는 한은, 세상 사람 누구라도 자신만의 자유를 누리게 될 것이다.
마지막으로 한 번, 나는 허공으로 몸을 날렸다.
몸이 떨어지는 것을 쳐다보았다. 창문으로 뛰어내리고픈 갈증이 해소되고 나자, 나는 유미모토 건물을 떠났다.
사람들은 나를 다시는 그곳에서 보지 못했다.
—《두려움과 떨림》 중에서

반대로 세상의 모든 초짜들, 어시스턴트들, 무경력의 존재들이여. 자리가 없는 존재들이여. 당신을 괴롭히고 짓누르는 그들 역시, 얼마 전까지 바로 당신의 위치에 있었다는 사실을 잊지 마시길. 시간은 가고, 실패는 경험이 되고, 상처는 잊히며, 당신은 나이를 먹는다. 당신보다 어린 사람들이 나타난다. 당신은 어른이 된다. 당신만의 자리를 갖게 된다. 그게 인생의 가장 다행스러운 점이다. 물론 그게 끝은 아니겠지만.

우리들의 작업실, 어라운드

아름다운 세모기둥 건물에서 피어난 이야기

일하면서 얻은 깨달음 | 발행인 송원준
성과를 내야 한다는 조급함으로 일을 했지만, 그보다 계속하는 게
더 중요하다는 걸 어느 순간 깨닫게 되었다.

2024년 내 책상이 놓일 곳은 | 편집장 김이경
올해 시작과 함께 자리 이동을 결심했다. 회사에 남은 공간을
활용해 따로 만들 생각이다. 항상 팀원들과 같이 나란히
자리했는데, 나름대로 나에게는 큰 변화라고 할 수 있겠다.
회의실에서 하는 거랑은 다른, 내 자리에 모여 일도 하고 서로
느끼고 생각하는 걸 도란도란 이야기 나눌 수 있길. 부디 독방이
되지 않길.

나의 자리에는 | 에디터 이명주
챙겨두고 먹지 않는 간식, 동료들과 주고받은 쪽지와 사진들,
좋아하는 작가의 엽서와 약간의 먼지가 놓여 있다. 잠시 환기하고
싶을 때는 나의 주위를 둘러싼 문장과 얼굴들을 하나씩 뜯어본다.
일하는 도중에는 도무지 일어나지 않는, 무거운 궁둥이를 가진
나에게는 동료들의 동글동글한 마음을 보는 게 쉬는 시간이야.

좋아해 | 에디터 차의진
처음 이곳에 발을 들인 날, 이곳 사람들은 자기 일을 좋아한다는
걸 느낄 수 있었다. 위층에서 들려오는 꺄르르 웃음소리가 나의
짐작이 옳다고 끄덕이는 것만 같았다. 함께하는 날이 계속될수록
그 생각은 선명해진다. 자유로운 생각을 응원하고, 고마움을
담은 따뜻한 편지가 오가는 곳. 느린 속도로 나아가며 꾸준히
책을 만드는 곳. 이런 아름다운 공간이 나의 첫 작업실이라
기쁘고 감사해!

아(리), 빵(이), 하(이) | 디자이너 양예슬
출근 후 가장 먼저 "아리, 빵이, 하이 잘 잤어?" 하고는
고양이들의 지난밤 안부를 묻곤 한다. 사람들로 그득한 지하철에
몸을 싣고 출근하는 탓에 조금 지쳐버릴 무렵, 아빵하를 마주하면
출근길의 피로는 모두 녹아버리지. 너희들의 안녕을 기도해,
사랑해 사랑해.

투명했던 눈동자에 대하여 | 마케터 박하민
하루 종일 모니터를 들여다보다가 고개를 조금 돌려봤다. 깨끗한
벽 위로 노란빛 햇살이 내리쬔다. 바쁜 현대인이 잠깐이나마
쉬어갈 여유를 선사하는 그런 사람이 되어야지.

눈곱을 떼어내며 드는 생각 | 브랜드 프로젝트 디렉터 김진형
네 발 달린 동물들과 함께 공존하며 일하는 즐거움 너무
소중하다. 종종 고양이들 눈곱을 떼주고 뿌듯해하는 나를
발견하는 일도 즐겁다.

나의 첫 작업실 | 브랜드 프로젝트 매니저 정현지
언젠가 돌아봤을 때, 이곳을 이렇게 기억하고 싶다. 좋은 걸
많이 보려고 하면 좋은 것만 보이게 된다는데, 어라운드가 딱
그랬던 거 같아!

3층 고양이 동료들과의 인사 | 브랜드 프로젝트 매니저 지정현
부쩍 고양이들과 친해져서 출근할 때 "잘 잤니." 퇴근할 때
"집 잘 지켜." 하고 인사를 나눈다. 그때만큼은 회사가 집처럼
느껴진다.

6층 화이팅! | 브랜드 프로젝트 매니저 정도원
어라운드 꼭대기 층에 있는 우리 팀. 매일 계단을 오르내리다
보니 절로 체력이 길러진 건가? 감기 한번 걸리지 않고 겨울을
보내는 중. 앗, 하지만 옆자리 동료1, 동료2의 기침 소리는
겨우내 이어지고 있네. 우리 아프지 말자!

Vol.01 Vol.02 Vol.03 Vol.04 Vol.05 Vol.06 Vol.07 Vol.08 Vol.09 Vol.10 Vol.11

Vol.12 Vol.13 Vol.14 Vol.15 Vol.16 Vol.17 Vol.18 Vol.19 Vol.20 Vol.21 Vol.22

Vol.23 Vol.24 Vol.25 Vol.26 Vol.27 Vol.28 Vol.29 Vol.30 Vol.31 Vol.32 Vol.33

Vol.34 Vol.35 Vol.36 Vol.37 Vol.38 Vol.39 Vol.40 Vol.41 Vol.42 Vol.43 Vol.44

Vol.45 Vol.46 Vol.47 Vol.48 Vol.49 Vol.50 Vol.51 Vol.52 Vol.53 Vol.54 Vol.55

Vol.56 Vol.57 Vol.58 Vol.59 Vol.60 Vol.61 Vol.62 Vol.63 Vol.64 Vol.65 Vol.66

Vol.67 Vol.68 Vol.69 Vol.70 Vol.71 Vol.72 Vol.73 Vol.74 Vol.75 Vol.76 Vol.77

Vol.78 Vol.79 Vol.80 Vol.81 Vol.82 Vol.83 Vol.84 Vol.85 Vol.86 Vol.87 Vol.88

Vol.89 Vol.90 Vol.91 Vol.92 Vol.93

1년 정기구독

《AROUND》는 격월간지로 짝수 달에 발행됩니다. 정기구독을 신청하시면 어라운드 온라인 콘텐츠 이용권이 함께 제공됩니다.

《AROUND》 매거진(총 6권) & 온라인 콘텐츠 이용권
97,200원 / a-round.kr

AROUND NEWSLETTER

책에서 못다 한 이야기를 펼쳐 보입니다.
또 다른 콘텐츠로 교감하며 이야기를 넓혀볼게요.
홈페이지에서 뉴스레터를 구독해 주세요.

a-round.kr > Newsletter

Publisher

송원준 Song Wonjune

Editor in Chief

김이경 Kim Leekyeng

Editor

이명주 Lee Myeongju

차의진 Cha Uijin

Art Director

김이경 Kim Leekyeng

Senior Designer

양예슬 Yang Yeseul

Cover Design Guide

오혜진 O Hezin

Cover Image

Steven Ahlgren

Photographer

강현욱 Kang Hyunuk

김혜정 Keem Hyejung

임정현 Jean Lim

해란 Hae Ran

Project Editor

이주연 Lee Zuyeon

김건태 Kim Kuntae

양윤정 Yang Yvette

배순탁 Bae Soontak

전진우 Jun Jinwoo

정다운 Jung Daun

한수희 Han Suhui

한승재 Han Seungjae

Illustrator

오하이오 Ohio

추세아 Sea Choo

휘리 Wheelee

Marketer

박하민 Park Hamin

Copy Editor

기인선 Ki Inseon

Management Support

강상림 Kang Sanglim

Publishing

㈜어라운드

도서등록번호 제 2014-000186호

출판등록일 2009년 12월 5일

ISSN 2287-4216

창간 2012년 8월 20일

발행일 2024년 1월 31일

AROUND Inc.

서울시 마포구 동교로51길 27

27, Donggyoro 51-gil, Mapo-gu, Seoul, Korea

광고 문의 / 070 8650 6378

구독 문의 / 070 8650 6375

around@a-round.kr

a-round.kr

instagram.com/aroundmagazine

post.naver.com/pgbook2